LETTRE

DE M. MATTER, PROFESSEUR A STRASBOURG,

A M. LE COMTE DE SAINT-ROMAN,

PAIR DE FRANCE,

SUR LA SOUVERAINETÉ DU PEUPLE (a).

Monsieur le Comte,

(1) En attendant votre réponse à mes trois propositions, je me suis mis à lire, la plume à la main, — c'est ainsi que je lis lorsque je veux étudier, — les divers imprimés que vous avez bien voulu m'envoyer, avec des notes marginales de votre main.... Je vous réitère mes remercîments à cet égard, et surtout pour les notes.

Je vis avec plaisir, Monsieur, que votre système était mieux pensé et mieux suivi que celui de tous ceux qui ont écrit sur ces matières, avec plus de violence que de raison; qu'il a dû vous coûter beaucoup de soin et de peine; et je me félicite d'avoir à répondre à de semblables écrits.

(a) De nouvelles difficultés s'étant élevées pour l'insertion de cette lettre au *Mercure royal*, on la publie séparément. La réplique du noble pair sera insérée au *Mercure royal*.

(*) Ces numéros entre deux parenthèses, et ouvrant les alinéas, sont des signes de renvois que se ménage M. le comte de Saint-Roman, pour la facilité de la discussion. Sa réplique sera numérotée de même.

I

parce que je pense que cette discussion pourra
éclaircir cette matière, et avancer nos affaires.

(2) Je vois aujourd'hui, et après cette lecture,
permettez-moi de vous le faire observer, Monsieur,
(tant dans vos ouvrages imprimés que dans votre
manuscrit que je reçois aujourd'hui 10 mai, imprimé dans le Mercure royal, 13ᵉ livraison, t. 2.)*
que les erreurs dans lesquelles vous pouvez être
tombé, proviennent d'un sentiment honorable....

(3) Vous faites de grands efforts, Monsieur, pour
trouver dans la nature des choses, des motifs et
des raisons suffisantes de ce despotisme *conditionnel* ou constitutionnel que vous voudriez organiser.

(4) Vous en faites un ordre de choses fixe, per-
manent, invariable, incommutable, auquel tout
doit être subordonné, fondement et base de la
société....., mais qui est lui-même subordonné à
la justice et au bien des protégés.....

(5) Il n'est qu'une puissance éternelle, immuable, c'est la vérité : vous le faites bien voir ici,
Monsieur, par l'assentiment que vous êtes forcé de
donner à cette vérité, *subordonné à la justice et
au bien des protégés.....* Quant à la nécessité,
l'inviolabilité, l'incommutabilité d'un pouvoir
absolu, autre que *la justice envers tous, et le bien
général* ou le bien des protégés, c'est une question qui doit être mûrement pesée et examinée
pour être présentée sous son vrai jour.... ( )

Mais il faut admettre que le pouvoir absolu du
bien général et de la justice envers tous, est né-

(*) C'est l'ancien *Mercure royal*, qui paraissait en concurrence
avec le *Parachute monarchique*.

cessaire sur toutes choses, parce qu'il est absolument et essentiellement vrai, juste et nécessaire que nous exécutions nos conventions.... Je
reviendrai là-dessus....

(6) Je ne puis m'empêcher de remarquer aupa-
ravant combien vous avez eu raison de me dire,
Monsieur (page 39 de votre manuscrit, et pag.
343 du Mercure royal, 13e. livraison citée ci-
dessus, auquel je renverrai désormais uniquement), qu'en politique, chacun prétend former
la société d'après les idées qu'il puise dans sa
profession personnelle, je dirais presque d'après
les sentiments du roman qu'il affectionne.

(7) On voit que c'est d'après cela que vous vous
sentez obligé, Monsieur, à tous les efforts que
vous faites pour motiver votre despotisme conditionnel, parce que vous voudriez justifier l'émigration à vos propres yeux, et peut-être à ceux
de la nation..... Vous voudriez que cette pauvre
nation se sentît coupable de tous les malheurs et
de tous les crimes de la révolution : vous n'osez
pas beaucoup insister sur cet article, mais vous
insistez davantage sur tout ce qui vous paraît
plus propre *à justifier l'émigration et son retour
à main armée* (11)* *sur le sol natal avec l'étranger..... mais ce crime*, que vous atténuez autant
que vous le pouvez, paraît vous frapper encore
d'une longue et douloureuse épouvante : beaucoup
de vos compagnons d'infortune partagent ces ho-

(*) Ce n°. et les suivants, semés dans le texte, sont la suite du
numérotage que l'éditeur du *Mercure royal* avait adopté pour dé-
signer les articles auxquels il se réserve de répondre, si M. le
comte de Saint-Roman croit devoir s'en abstenir lui - même par
quelque motif que ce soit.

norables sentiments ; mais, Monsieur, permettez-moi de vous faire observer que toutes les récriminations à ce sujet avaient été franchement immolées, sur les autels de la miséricorde (12)* et de la patrie (voyez mon art. sur la culpabilité politique parmi nous, dans mes Considérations, 1818, p. 14 et suivantes) (*a*), par cette immense majorité reconnue si bonne et si généreuse, à laquelle vous voudriez cependant trouver des torts , pour atténuer *ceux de l'émigration reconnue aujourd'hui pour être la cause directe et immédiate de tous les malheurs, de tous les crimes de cette révolution dont nous avons été les témoins et les victimes* (*b*).

(8) On ne demandait plus à l'aristocratie qu'une conduite sage et modérée, et de ne pas revenir, comme quelques anciens factieux de ce parti caractérisé immobile, incorrigible, par un de ses coriphées, M. Montlosier, (voyez mes réponses à M. de Montlosier, pag. 165 et 310, etc., de mes Consid. 1818), (*c*) sur des choses qu'ils devaient faire oublier , mais dont ils ont l'imprudence de renouveler sans cesse les irritants souvenirs , par les actions les plus coupables, et par des écrits qui ne le sont pas moins.

C'est ce qui m'a forcé à m'écrier quelque part :

(*) Voyez la note pag. 7.

(*a*) M. le comte de Saint - Roman a exprimé dans le *Mercure royal* son regret de ce que M. Masuyer renvoie à des ouvrages de lui qui ne sont pas connus des lecteurs du *Mercure royal*. Ne voulant rien changer à la lettre de son adversaire, cet inconvénient ne peut être évité.

(*b*) Ce qui est en italique est du nombre des propositions qui ont fait obstacle à l'insertion de la lettre de M. Masuyer dans le *Mercure royal*.

(*c*) *Voy.* note *a*.

on feint de vouloir la fin de nos troubles, et l'on s'efforce d'en conserver les éléments....

(9) Ne revenons donc plus, au nom de la patrie, sur ce procès tant de fois perdu aux yeux de la raison, et de toutes les nations de l'Europe ancienne et moderne, quoique la vieille aristocratie de cette partie du monde cherche encore à en recueillir les pièces rongées par les vers, lacérées par les lumières et la raison publique, et à les faire valoir comme de nouvelles et précieuses acquisitions.

(10) C'est dans ces sentiments, et d'après ces vues, en cherchant à me rendre compte des éternelles divagations dans lesquelles des hommes, d'ailleurs recommandables, sont tombés, que je me suis convaincu que les erreurs qui dominent encore sur les questions qui nous divisent, proviennent de ce que l'on n'est pas encore convenu d'une manière assez positive, assez explicite, du véritable point duquel on devait partir pour arriver à la solution de ces diverses questions que nous agitons sans cesse avec si peu de succès; ni du principe d'évidence duquel on ne doit déduire que des conséquences immédiates et légitimes, pour obtenir une démonstration rigoureuse de ce qu'il nous importe de faire comme d'éviter, pour parvenir à la fin de nos troubles.

C'est pourquoi, pour régulariser cette discussion, je vous ai demandé, Monsieur, par ma lettre du 29 avril, une pleine et entière adhésion, ou une réfutation authentique des trois propositions ci-après, sur lesquelles je n'ai pas encore reçu votre réponse.

(11) Mais en lisant vos écrits, Monsieur, je me suis aperçu, d'après les différents passages qu'ils renferment, que vous ne pouviez la refuser sans vous mettre en opposition avec ce que vous avez dit

dans ces différents écrits, c'est pourquoi, dans ce qui me reste à dire, je vais raisonner comme si j'avais reçu cette pleine et entière adhésion à ces propositions, attendu que je crois que vous en tenteriez en vain la réfutation.

(12) Voici la première : 1°. Le problême dont tout publiciste et tout législateur honnête homme doit chercher la solution dans toute la droiture de sa raison, c'est de *déterminer les moyens de maintenir l'association politique sans désordres et sans injustices….* (*)

(13) 2°. *La première loi, la première condition, le premier but, le premier moyen, peut-être le seul pour parvenir à la solution de ce problême, c'est le bien général, et la justice envers tous.*

Avec un but fixe d'administration, on est sûr de ne point s'égarer….

(14) 3°. *Le bien général ne peut avoir lieu que par la justice envers tous, et la justice envers tous ne peut avoir lieu sans le bien général….*

Permettez-moi, Monsieur, d'ajouter les deux propositions suivantes à ces trois premières, sur lesquelles j'ai demandé votre adhésion, ou une réponse authentique…… Je crois que vous ne pourrez refuser votre assentiment à aucune de ces propositions, d'après les différents passages que j'ai rencontrés dans vos écrits, puisque vous énoncez vous-même la première de celles-ci, en termes moins explicites peut-être, mais très pré-

---

(*) Ainsi que M. le chevalier de Fonvielle l'a fait observer dans sa lettre à M. de Saint-Roman, 6e. livraison du *Mercure royal,* ce n'est pas là la question. Il s'agit de savoir à qui appartient la souveraineté. Une fois fixés sur ce point, on pourra rechercher quel est le moyen d'en user le plus utilement *pour le bien général, sans désordres et sans injustices.*

cis, page 183 de votre réfutation de Montesquieu. (1)

(15) 4°. *L'origine de tout droit, de toute justice, de toute autorité parmi les hommes, découle de la réciprocité et des conventions....* (2)

(16) Ma cinquième proposition est celle-ci... On ne peut parvenir à organiser l'association politique, sans désordres et sans injustices, que par la recherche et la détermination des meilleures stipulations, ou des stipulations les plus conformes à la justice ou à la vérité, ou à la nécessité morale et politique sous l'influence de laquelle nous vivons, ce qui nous contraint à chercher le mieux

---

(1) Vous avez dit à cette page 183 : « J'en conviens, je n'ai » jamais cherché à éviter cette sorte de traité individuel, *j'en ai* » *fait au contraire le fondement de toute autorité.* »

(2) C'est par le sentiment exquis de la réciprocité et des conventions, soit implicites, soit explicites, que la nation française est la nation la plus spirituelle, la plus aimable, et la plus loyale de toutes les nations. Ce sentiment ne peut que se développer et s'accroître par une bonne législation ; il peut et il doit devenir le même, chez toutes les nations d'Europe chez lesquelles il était oblitéré par des institutions funestes, qui doivent enfin faire place à des institutions plus conformes à la justice et à la vérité des choses... Ce sentiment aura été chez nous le véhicule de nos progrès dans la civilisation, carrière dans laquelle nous les avons toutes dévancées... Mais les lumières et l'instruction deviendront chez elles, en même temps qu'une meilleure législation, le véhicule aux déve'oppements explicites de ce sentiment et de son instinct dont nous avons vu que se compose la constitution morale et politique de l'homme. (Voyez mes Considérations, 1818, ch. 2, p. 7.) Ce sentiment et son instinct ne sont autre chose que ce que l'on a appelé la compassion, sentiment délicieux auquel nous devons nos plaisirs les plus délicats, au théâtre, dans les romans, comme dans la société, et par lequel la justice exerce son empire sur toutes les ames. (Voy. mon épigraphe, Consid. 1818.)

et le meilleur, ou qui nous y ramène par la force des choses.....

(17) C'est pourquoi j'ai dit ailleurs : le besoin de la justice et de la vérité est le *plus noble de nos besoins* !! Ajoutons ici...

(18) La nécessité nous sert mieux que nos passions, et souvent mieux que nos raisonnements ; mais il serait bien temps qu'elle ne fît pas seule les frais de nos progrès vers la justice et la vérité, comme il vient d'arriver en Espagne, et que notre raison et notre espérance y entrassent pour quelque chose.

(19) C'est ce qui m'a fait dire aussi que notre ignorance, surtout celle des meilleures stipulations, nous a fait plus de mal que la malice ; et vos ouvrages, Monsieur, peut-être aussi les miens, vont nous en fournir des preuves authentiques. (Voyez mes Considér., Lons-le-Saunier, 1815, pendant les cent jours, Paris, 1818; et mon adresse, Strasbourg, 1819). * Tous mes efforts doivent donc se porter vers la recherche et la détermination de ces meilleures stipulations. Il est convenu, au moins de ma part, que c'est à cette seule recherche que cette discussion est consacrée. C'est d'elle seule que peut et doit dériver l'organisation de l'association politique, ce n'est que par une stipulation qu'elle peut se maintenir sans désordres et sans injustices.

(20) Enfin les stipulations ne peuvent être bonnes qu'autant qu'elles sont des conséquences directes, immédiates et légitimes des cinq propositions que je viens d'énoncer.....

(*) *Voyez* note (*a*), page 8. A l'avenir nous supprimerons de tels renvois ; les lecteurs voudront bien se rappeler ce que dit cette note (*a*).

(21) Peut-être trouverez vous, Monsieur, dans la recherche de ces conséquences et des meilleures stipulations, de nouvelles et de plus puissantes raisons pour l'organisation de votre despotisme conditionnel, que celles que l'on m'a données jusqu'ici ; je le crois d'autant plus que je suis comme vous, Monsieur, et que je n'ai pas toujours la force de reconnaître et de distinguer le vice de mes raisonnements. *

(22) Donc, si je vous indique la source de quelques-unes de vos erreurs, vous aurez aussi l'avantage de m'indiquer la source des miennes, et c'est ainsi que nos affaires peuvent finir par le raisonnement : mais du reste je suis parfaitement d'accord avec vous, Monsieur, sur votre réfutation de Montesquieu, par d'autres raisons encore que vous n'avez pas données et que vous trouverez indiquées dans mon adresse de 1819..... J'ai été conduit à ces idées par mon système de la nécessité morale et politique.....

(23) D'après les nouvelles réflexions que votre réfutation m'a fait faire, je crois devoir présenter aujourd'hui ce système, et le caractériser comme les symptômes de la *nécessité*, de *l'unité de pouvoir par l'unité d'intérêts.....* contre le *faux et absurde système des équilibristes et de la division des intérêts....*

(24) Je suis encore d'accord avec vous, Monsieur, sur ce que *ce ne sont pas les fautes des Rois* qui ont rompu le dernier pacte social en France, ou

---

(*) Ce trait de bonne foi est remarquable. Il est bien à craindre que *le Constitutionnel* ne s'en autorise pour répéter son impertinence, qui qualifie de *prétendue discussion* le débat, très sérieux et plus important qu'il n'a l'air de le croire, dont le public se trouve constitué le juge.

qui ont été les causes de la révolution et des crimes de la démagogie, à laquelle on n'avait encore rien à reprocher en France sous l'assemblée Constituante, et lorsque l'émigration a commencé; mais je prétends vous forcer de convenir avec moi, que c'est le vice des militations et l'abominable division des intérêts qui régnaient parmi nous, qui ont conduit Louis XVI, mon frère, et tant d'autres victimes à l'echafaud...... Ce sont les résistances impies de l'aristocratie (*), pendant et après cette assemblée; ce sont les crimes enfin de cette aristocratie qui ont commencé les fureurs et les crimes de la démagogie et de nos autres minorités, toujours désavouées par cette immense majorité dont on voudrait méconnaître les vertus et les droits (**). (Voyez mon art. De la culpabilité parmi nous, page 163 de mes Considér. 1818.)

(25) Je ne dirai donc rien qui tende à justifier ces crimes de nos minorités dont nous avons encore tant à gémir; il devrait leur suffire qu'on consentît à les oublier, pour les engager à ne plus avoir besoin de nouveaux pardons; mais il suffit que l'une de ces minorités si coupables, ose élever une voix accusatrice, pour que les autres répondent par des cris de rage et de fureur....

C'est pour éviter toutes ces vociférations des partis, que j'ai cherché à transporter sur un autre terrain toute la force de notre attention, et tout l'effort des discussions politiques, en présentant la première question ou le problème général, à la

---

(*) M. l'abbé de Pradt exprime cette pensée plus naïvement dans son catéchisme politique. Il n'y avait sans doute alors, comme aujourd'hui, autre chose à faire, vis-à-vis de la démocratie, que *de lui laisser passer sa fantaisie.*

(**) C'est ainsi que M. de Rebecque et consorts font le procès aux réactions, et ne voient qu'innocence dans l'action qui les a provoquées.

solution duquel doivent se porter toutes nos re-
cherches, en ces termes : *Déterminer les moyens
de maintenir l'association politique sans désordres et sans injustices.....*

Le gouvernement, s'il avait en vue la *stabilité*, la *justice*, devrait me seconder dans cette
entreprise ; mais je ne sais par quelle fatale influence ou par quel aveuglement, il m'a laissé seul
dans cette carrière dans laquelle je ne m'étonne
pas de n'avoir pas été suivi par les aristocrates,
comme par quelques prétendus libéraux entichés,
comme tant d'autres, des erreurs de Montesquieu.

(26) Si vous voulez me suivre sur ce terrain, vous
verrez, Monsieur, que nous éviterons tous ces
sujets d'irritation qui, parmi nous, compliquent
de l'esprit de parti la recherche de la vérité morale
et politique.

Je tâcherai à cet effet de ne pas tomber dans
les douloureuses applications que nous faisons
sans cesse, et, en quelque sorte, malgré nous,
des principes généraux à notre situation parti-
culière, et je les renverrai toutes autant que je
pourrai à un seul et dernier chapitre.....

(27) Je pense que vous m'accorderez cette
maxime : que, pour fonder un gouvernement,
comme pour raisonner en politique, il faut un
principe d'évidence, ou des doctrines non con-
testées, qui soient la règle de tout ministère, et que le public ou la nation soit bien convaincu que son gouvernement les adopte, et qu'il
se dirige par elles.....

(28) C'est d'après cela que j'ai dit, et je crois
l'avoir prouvé dans mes Considérations, que tout
est démontré en fait de gouvernement, pour qui
veut être de bonne foi... Je répète ici cette asser-

tion, à charge de la mieux prouver encore au besoin, dans cette discussion....

(29) Il ne s'agira bientôt plus, après cela, que
d'examiner entre nous les avantages et les inconvénients de ce despotisme constitutionnel que
vous voulez organiser..... Mais je vous prierai de
vouloir bien considérer un instant avec moi,
Monsieur, que vous commettez ici, dans votre
marche, la même faute qu'ont commise tous les
auteurs de nos constitutions improvisées, et tour-
à-tour renversées les unes sur les autres; ils ont
toujours voulu commencer l'édifice de l'association politique par son sommet, ou par l'organisation de ce qu'ils ont si mal-à-propos appelé les
différents pouvoirs, sans s'embarrasser de la nation (13), * ou des bases sur lesquelles doit reposer
l'édifice; ce qui est si vrai que, même aujour-
d'hui, le système ou le régime municipal et ad-
ministratif, ne sont pas encore organisés parmi
nous, ou ne le sont que provisoirement; quoique
tout le monde sente qu'ils ne doivent et qu'ils ne
peuvent pas rester tels qu'ils sont; quoique l'on
réclame enfin de toute part leur réorganisation.
Le provisoire tue toute espèce de stabilité en
France.

(30) L'ordre que je me propose de suivre dans
cette discussion, nous conduit à régler, d'abord,
cette organisation des bases sur lesquelles doit reposer l'association politique ou la nation, avant
de nous occuper des pouvoirs; à déterminer
les principes avant d'adopter les conséquences.

(31) *L'unité de pouvoir exige que l'unité d'in-
térét soit organisée comme garantie de sa durée.*

(*) *Voyez* page 7, note (*).

(81) Croyez-moi, Monsieur, faisons comme tous les maçons les plus ordinaires, commençons par bien établir nos bases ou la nation, comme j'ai tâché de le faire, et vous verrez que notre édifice sera durable, que toutes les difficultés, toutes les divergences, même d'opinion, finiront par disparaître ou par se confondre dans cette pensée essentiellement *noble, équitable et libérale, le bien général et la justice envers tous,* qui se trouve déjà implicitement consentie par ces mots de votre chap. 3, Réfutation de Montesquieu, p. 10. « La législation n'est bonne qu'autant qu'elle assure le bonheur des individus…» Or, les individus ne peuvent être heureux sans le bien général et la justice envers tous.

(33) Je remarquerai même ici, Monsieur, que vous allez bien plus loin que moi dans cette proposition, car je me contente de demander, non le bonheur, mais la justice, et que tout le monde ait lieu d'être content de son sort…. mais non pas que tous les individus soient heureux, car ce n'est pas la loi qui peut dispenser le bonheur, mais elle doit faire en sorte que tout le monde ait lieu d'être content de son sort….. Ceci soit dit sans esprit de critique, mais uniquement pour préciser la discussion.

C'est donc par la justice envers tous, et par-là seulement, que nous parviendrons à organiser et à maintenir l'association patriotique sans désordres et sans injustices, au moins palpables et manifestes, et à faire régner le contentement et la paix dans tous les cœurs bien nés, car heureusement c'est ainsi que les majorités des nations sont constituées, ce que je crois avoir démontré dans mes Considérations, par l'exemple même de notre révolution (Voyez pag. 163, Considér. 1818).

(34) Non, Monsieur, la majorité organisée n'est point une multitude, elle est la nation ; la multitude peut être formée par une majorité non organisée, mais alors il y a vice dans les lois et dans les institutions, impéritie de la part du législateur....

(35) Voyez à Rome le peuple, après avoir exigé qu'un des consuls, au moins, pût être élu parmi les plébéiens, nommer encore deux fois des consuls pris parmi les seuls patriciens ; probablement parce qu'il n'avait aperçu personne parmi les plébéiens qui méritât sa confiance.... Il en est ainsi, Monsieur, de toutes les élections bien organisées, ce n'est pas au tailleur son voisin, ou très rarement, que le charron, le menuisier ou le serrurier du canton, iront donner leur voix dans des élections, au moins dans des temps ordinaires..... Un sentiment très vif et très éclairé chez ces hommes, le plus souvent, il faut en convenir, très sensés et gens de bien, qui ne méritent pas le nom de *canaille* (voyez sur ce terme fatal une note, page 31, avant-propos de mes Considér. de 1815 ; et pag. 152 et 313 de mes Considér. 1818), un sentiment très vif et très éclairé leur fait sentir et reconnaître que, le plus souvent, ni les uns ni les autres n'ont pas assez de lumières pour tenir la balance dans l'examen et la discussion des règlements ni des affaires.

(36) Les ames excellentes, suivant l'observation de Montaigne, naissent en nombre à-peu-près égal dans les différents siècles et dans les différentes conditions, car combien de *canailles dans l'aristocratie...* * Du reste je suis d'accord avec vous,

---

* *Voyez* note (*b*), page 8.

Monsieur, qu'il n'y a que le pouvoir, j'ajoute, et les droits contestés, qui soient envahissants de leur nature: si vous voulez le repos et la stabilité, ne contestez donc point les droits et les pouvoirs de la majorité ; organisez les plutôt, car enfin, il faut tout faire pour le peuple, ou la commune, dirait Montaigne, et rien par le peuple, et la majorité ne peut pas avoir lieu d'être contente de son sort, là où elle n'est comptée ni pesée pour rien, que pour l'impôt.... et cependant *la législation n'est bonne* qu'autant que les individus sont heureux..... Comment pourraient-ils être heureux, lorsqu'ils n'ont pas même lieu d'être contents de leur sort ?

(37) D'après cela, soit que vous m'accordiez, Monsieur, soit que vous me refusiez, ce que je ne puis croire, mes cinq propositions ci-dessus, je continue mes observations, tant sur vos imprimés antérieurs que sur votre mémoire manuscrit, aujourd'hui imprimé dans la 13e. livraison du Mercure royal, faisant suite aux mémoires de l'Académie des Ignorants et au Parachute monarchique...

Je tâcherai de réduire à quelques pages vos doctrines et les miennes contenues dans plusieurs volumes ; la concision, la clarté et la vérité y gagneront peut-être.

J'ai tâché de réduire les doctrines à leurs plus simples éléments, en les réduisant aux cinq propositions ci-dessus, que je prends comme autant de données ou de principes d'évidence dont il nous suffira de ne déduire que des conséquences immédiates et légitimes pour parvenir au but de cette discussion. J'y ajouterai encore, comme 6e. proposition, avec les restrictions que j'y ai ap-

portées, ces mots ci-dessus cités de votre pag. 10,
Réfut. de Montesquieu,

(38) — 6°. « *La législation n'est bonne qu'autant que les individus* sont heureux ou au moins ont lieu d'être contents de leur sort.

(39) — 7°. « Ces théories de contrebalancement,
» sans prépondérance finale, dont le dernier siècle
» a été si prodigue, ne respirent que le désordre,
» ou vont chercher leurs bases dans des dissen-
» sions systématiquement combinées.

Je vous accorde encore, Monsieur,

(40) — 8°. *Le principe de la liberté laissée aux citoyens de quitter leur patrie dans le changement des lois fondamentales.* (Pag. 139 de votre Réfut. de Montesquieu.)

(41) Principe sur lequel, permettez-moi, Monsieur, de vous le faire observer, vous êtes tombé dans de véritables contradictions dans la réponse que vous m'avez faite en continuant l'exposé de votre doctrine (p. 139 du Mercure royal cité), contradictions dans lesquelles je ne vous suivrai pas, attendu que cette question secondaire me paraît peu importante, et que je ne prétends pas non plus vous tenir rigueur. (Pag. 345 de ce même n°.)

Mais vous serez obligé de m'accorder votre proposition, pag. 74 de votre Réfutation :

(42) — 9°. *Nulle personne ne peut être forcée de devenir membre d'une nouvelle société, dont les engagements seraient contraires à ceux qu'elle a contractés.*

(43) — 10°. La violation des engagements ne se suppose jamais, pag. 74 de votre Réfutation de Montesquieu, etc.

Après ces concessions ou conventions réciproques, qui deviennent autant de points fixes pour la discussion, réglons encore l'acception de quelques termes, car les discussions deviennent souvent interminables faute de s'entendre sur les mots. J'ajouterai même encore quelques autres observations générales et préliminaires dans ce premier chapitre, qui a pour but le rapprochement et la comparaison de nos deux systèmes et de régler le véritable objet de la discussion.

(44) Vous avez vivement senti, Monsieur, les inconvénients du pouvoir populaire, et vous avez imaginé votre despotisme constitutionnel ou conditionnel.

(45) Vous avez voulu justifier l'émigration, et vous avez fait de ce despotisme un ordre de choses immuable, antérieur à toutes les conventions, mais vous avez été forcé d'établir le principe que je vous ai accordé (Voy. ci-dessus, n°. 40 ou 8°.) de la liberté laissée aux citoyens, etc., et de la subordination nécessaire de ce despotisme à la justice et au bien des protégés.

(46) D'autres que vous, Monsieur, ont recours à ces mêmes arguments et à des arguments plus vicieux, *pour consacrer l'aristocratie* et *son usurpation, les injustices et tous les maux dont elle est la cause infaillible et nécessaire.* (*)

(47) Vous n'avez pas pu vous défendre d'une assez grande partialité pour *cette institution que je regarde comme anti sociale*, à laquelle vous attribuez la prétendue stabilité de l'Angleterre, mais à laquelle j'attribue ses injustices, sa misère réelle, au milieu de sa richesse factice, et *son odieuse politique.* (Voy. p. 10 et suiv. de la préf. de mes Considér. 1818.)

(*) *Voyez* note (*b*), page 8.

(48) Votre système est pensé pour un temps de troubles et de désordres dans lequel nous avons vécu.

Le mien est pensé pour un temps de justice et de paix, auquel nous aspirons, mais pour prévenir, dans tous les cas, ces troubles, ces désordres, et ces injustices.

Vous avez été plus frappé de l'instabilité des résolutions des assemblées délibérantes, ou de ce que vous appelez le despotisme de la majorité; je suis plus frappé des injustices et de l'oppression des privilégiés ou de l'aristocratie, car le prétendu despotisme que vous reprochez à la majorité, qui délègue toujours ses pouvoirs, ne gît que dans la nécessité où elle veut que nous soyons de respecter et exécuter nos conventions ou les engagements que nous contractons envers elle...

(49) Vous voulez substituer à ce despotisme de la majorité, un despotisme conditionnel, ou l'unité de pouvoir dans la personne du prince, et la division des intérêts dans la nation, sans faire attention, qu'en divisant la nation en aristocratie et en démocratie, vous divisez nécessairement le pouvoir dont l'aristocratie réclame une forte portion pour en user, soit contre la nation, soit en temps et lieu contre l'autorité absolue, et vous retombez par-là dans la fatale erreur des équilibristes, qui est une conséquence immédiate et nécessaire de la division des intérêts : mais vous avez si bien réfuté cette idée, des avantages prétendus de la division du pouvoir, qu'il faut nous y tenir.

(50) C'est ainsi, Monsieur, que la source de vos erreurs, me paraît tenir essentiellement à votre position personnelle.

(51) J'ai admis l'unité de pouvoir, suite nécessaire de l'unité d'intérêt, dans la majorité de la nation. J'ai voulu organiser cette unité d'intérêt, et j'ai proclamé cette double unité d'intérêt et de pouvoir, comme pouvant seule mettre en action nos qualités sociales : j'ai prouvé que la division des intérêts met en action nos penchants anti-sociaux (Voy. les preuves de ces assertions dans mes Consid. 1818, et mon Adresse 1819).

(52) Pour vous, Monsieur, majorité, despotisme et anarchie sont synonymes, et ceci contre toute justice et toute évidence, comme nous venons de le voir, et comme cela sera encore prouvé par la discussion.

(53) *Orgueil, avarice, et tous les vices que ceux-ci traînent avec eux sont pour moi synonymes d'aristocratie.* *

Aristocratie et injustice, aristocratie ou pluralité de pouvoirs, ou démocratie et anarchie;

Aristocratie et oppression, ou asservissement, aristocratie et division des intérêts, *aristocratie et instabilité, aristocratie et trouble, sont synonymes à mes yeux.*

Ceci soit dit, Monsieur, à charge des preuves résultantes, tant de mes Considérations, 1815 et 1818, et de mon Adresse, 1819, que de celles qui sortiront de cette discussion, et de l'examen de votre despotisme constitutionnel.

---

* *Voyez* note (*b*), page 8. Imprimer de telles assertions dans un moment où la sagesse du gouvernement, en harmonie avec la Charte, tend à fonder une aristocratie bienfaisante, c'est contracter l'engagement de les détruire; l'honneur ne nous en appartient pas, nous le laissons à qui il est dû. (*Note de l'Editeur.*)

D'où il résultera que si l'aristocratie et la démocratie sont la source de tous nos vices, de tous nos troubles, de toutes les injustices, il est évident qu'il faut les supprimer (1).

(54) Je vous déclare ici, une fois pour toutes, que j'aime mieux le despotisme constitutionnel des Danois, ou le vôtre, Monsieur, c'est-à-dire, l'égalité dans l'esclavage, que la division du pouvoir, ou le régime constitutionnellement aristocratique de M. de Châteaubriant, ou celui de M. de Montlosier, *in consilio fidelium.*

Je l'ai dit et je le répète : *aristocratie et démocratie sont à mes yeux deux monstres qui ne se repaissent que de sang humain.* (*)

(55) Je crois donc, en dernière analyse, que vous finirez par vous mieux accommoder avec moi, Monsieur, de l'unité de pouvoir par l'unité d'intérêt, qui est mon système, que de votre despotisme conditionnel qui n'est plus un despotisme, ou qui organiserait, dans votre système, un seul pouvoir basé sur la division des intérêts, et destiné à prévenir et à comprimer les troubles qui résultent nécessairement de cet horrible état de choses ; car, je ne cesserai de le répéter, qui dit aristocratie, dit démocratie ; qui dit aristocratie et démocratie, dit division des intérêts ; qui dit division des intérêts, dit trouble.... Or, comment voulez-vous qu'un trône fondé sur de pareilles bases soit stable ?

(56) Un pareil ordre de choses est donc le plus

______

(1) Je ne puis cependant m'empêcher d'observer que vous n'avez pas pu dire, Monsieur, que le despotisme des Danois est venu par la lassitude des assemblées populaires.

(*) *Voyez* note (b), page 8 et page 23, note *.

absurde que l'esprit humain ait pu imaginer, dans les *aberrations* continuelles de son imagination et de ses passions, si souvent en opposition avec sa raison; vous avez donc eu grandement raison, dans votre réfutation de l'absurde système de nos équilibristes; car ils veulent constituer l'anarchie, l'anarchie n'étant autre chose que cet état dans lequel on ne sait auquel obéir, dans lequel les hommes commandent et non les lois, dans lequel on se trouve toujours régi par des lois toujours partiales, et par cela même toujours variables; tandis que, dans mon système de l'unité de pouvoir basé sur l'unité d'intérêt, le pouvoir monarchique se trouve inébranlablement constitué sur la justice et le bien de tous, parce qu'il est appelé à faire exécuter les conventions et à faire respecter la nécessité morale et politique sous l'empire de laquelle nous vivons et nous devons vouloir vivre.

(57) Tout l'effort de l'attention du publiciste et du législateur honnête homme, doit donc se porter à prévenir les troubles que des lois partiales ou la division des intérêts tendraient à introduire dans la cité et, par conséquent, à détruire cette fatale division des intérêts qui a existé parmi nous depuis la conquête, qui nous dévore encore, et qui nous pousse continuellement vers l'anarchie...

(58) Par la même raison que vous ne voulez qu'un pouvoir conditionnel, ce que je vous ai accordé, Monsieur, vous ne devez et ne pouvez vouloir qu'un intérêt, si vous voulez l'ordre, la stabilité, la justice et le bien de tous... Voilà, Monsieur, sur quoi va se porter tout l'effort de notre discussion, si, dès le premier mot, vous ne reconnaissez pas que vous vous êtes abusé en demandant

l'unité de pouvoir avec la division des intérêts, car une semblable unité ne peut pas avoir lieu avec une pareille division. Telle est votre principale erreur.

(59) C'est ainsi, Monsieur, que je prétends que nous allons être bientôt parfaitement d'accord, car en réfutant Montesquieu, comme je l'ai réfuté moi-même, vous embrasserez nécessairement mon système, qui est le seul dans lequel puissent régner l'ordre, la stabilité, et la justice envers tous...

(60) Mais, me trouvant ainsi d'accord avec vous, Monsieur, sur votre Réfutation de Montesquieu et de son école, dont je crois avoir démontré toute l'absurdité, ajoutons et l'immoralité, dans mes réfutations des équilibristes, mes vues sont cependant un peu différentes des vôtres; si nous sommes conséquents l'un et l'autre, elles ne tarderont pas à se concilier.

(61) Pour admettre votre despotisme constitutionnel, ou mon unité de pouvoirs par l'unité d'intérêts, il nous suffira d'établir que leur institution se trouve dans les meilleures stipulations; nous différerons peut-être dans les termes de ces stipulations, ou dans la rédaction de ces meilleures conventions, mais voilà toujours une grande erreur détruite, *celle des équilibristes*, pour premier résultat de cette discussion : la raison publique fera le reste...

(62) Permettez-moi cependant de vous faire observer que, pour motiver la nécessité de votre despotisme constitutionnel, vous avez eu recours à deux suppositions également fausses, savoir : 1º. que c'est le pouvoir du monarque qui constitue le lien social...

J'ai dit, pag. 49 de mes Considérations, 1818 :

le véritable lien politique est dans l'intérêt que les hommes trouvent à maintenir le gouvernement ; trouvons donc un gouvernement que la grande majorité ait intérêt à soutenir et que les théories ne puissent ébranler... et ailleurs : Les trônes sont mieux fondés sur les majorités que sur les minorités...

(63) — 2°. Vous dites, Monsieur : c'est le besoin de protection qui conduit à la soumission absolue.

Permettez-moi de vous dire que c'est jouer sur les mots, que de mettre le besoin de protection en avant, lorsqu'on a reconnu 1°. une *soumission conditionnelle.* * 2°. que ce sont les engagements qui sont la source de tout droit, de toute autorité parmi les hommes... c'est donc le besoin, non de protection (1), mais de garantie et de concours à un but commun, *le bien général,* qui conduit à la subordination, car toute subordination naît du concours à un but commun.

(64) Permettez que je continue encore l'exposé de vos principes d'évidence et de précision ana-

---

* M. de Saint-Roman l'admet par concession, en admettant trois origines de la société, les seules possibles ; mais il soutient qu'il n'en est qu'une de vraie et de conforme à la nature, la famille ; et s'il suppose les deux autres, c'est pour les discuter et démontrer qu'elles doivent céder le pas à celle qu'il adopte pour la seule vraie. On ne saurait trop s'attacher à ne pas perdre de vue cette observation.

(1) Il n'appartient qu'à la loi ou aux conventions de protéger ; ce sont les conventions qui font les lois en morale, ce sont les règlements ou moyens d'exécution des conventions qui sont l'ouvrage des hommes et des autorités constituées.

lytique, pour les opposer aux miens; les deux théories s'éclairciront ainsi réciproquement, soit en se réfutant soit en se confirmant. Nous entrerons ensuite dans la recherche et la détermination des meilleures stipulations, ce qui complétera, autant que possible, ce que j'avais à ajouter à mon douzième période de la civilisation ou de *l'état social, et ce qu'il doit être.*

(65) Page 5 de vos nouveaux développements, vous cherchez l'origine et le modèle des gouvernements dans celui d'une première famille. Je ne rappellerai pas ce que j'ai dit à cette occasion dans mon histoire des premiers périodes de la civilisation (voyez mes Considér.; 1818.); mais il est évident que ce gouvernement de la famille reposait, comme il repose et reposera toujours, sur l'unité d'intérêt, sans qu'il soit besoin pour cela de stipulations explicites, qui cependant n'y gâteraient rien. Il est certain que, dès que les enfants devenaient grands et pouvaient concourir, on les consultait, on délibérait en famille, comme dans ces peuplades des Germains dont nous parle Tacite , aux délibérations desquelles les femmes elles-mêmes étaient admises... Que signifiaient des délibérations en assemblées générales, si ce n'est un intérêt identique et le concours à un but commun. Or, nous les retrouvons chez toutes les peuplades des nouveaux continents.

(66) Page 9. « La société n'existe que dans des liens individuellement acceptés »...accordé.....car chacun s'empresse d'accéder à la stipulation, même implicite, du bien général et de la justice envers tous, qui est le premier but de toute association politique.

(67) Page 10. Vous parlez encore du gouvernement comme fondant la société..... Non , Mon-

sieur; encore une fois, c'est la société qui fonde le gouvernement; car : *primum est esse, deinde esse tale....* ou plutôt c'est le besoin de conservation commune, de commun intérêt, de réciprocité, la *nécessité* est un mot de garanties réciproques (*la nécessité*, comme je l'ai dit plus haut, qui nous conduit mieux que nos passions, et souvent mieux que notre raison). C'est la nécessité qui forme alors le lien de toute famille, de toute association de peuplade, avant même et bien long-temps avant que l'on ait pu imaginer et reconnaître les avantages de stipulations ou de conventions explicites, ayant l'intérêt général pour but. C'est tout cela, Monsieur, qui fonde la société, et ensuite le gouvernement, lequel, par la nature de son institution, quelle que soit la forme qu'on lui donne, est chargé de veiller à l'exécution des lois ou conventions, mais qui ne fonde rien, et n'a pas créé la nécessité qui fonde la société....

(68) Ce n'est donc pas la protection de tous les individus par un seul, qui ne peut du reste les protéger tous, disons-le avec vous, Monsieur, que par le *concours*, la *soumission* si vous le voulez de tous, à ce qui est; non la volonté du prince, mais l'ordre, la justice.

Platon l'a dit il y a long-temps, Monsieur, *Sans la justice, il ne peut y avoir d'association parmi les hommes, même parmi les brigands....*

(69) Or, ce ne sont pas les Rois qui ont créé la justice, et qui l'ont fondée sur la réciprocité et les conventions..... C'est Dieu lui-même, ou l'ordre immuable des choses, qui a voulu que la réciprocité et les conventions fussent l'origine de tout droit, de toute justice et de toute autorité....... Dieu lui-même n'a pas créé la justice ni la vérité, elles sont coéternelles avec lui, etc.

Le mot ci-dessus de Platon, devrait être le sujet des méditations assidues de tous les princes et de tous les publicistes honnêtes gens.

(70) Page 11 : « Quelqu'individu que ce soit n'appartient à aucune société, qu'autant qu'il à donné *un consentement* au moins tacite; et s'il se trouve ensuite que (vous l'avez ajouté à la marge de l'exemplaire que vous avez bien voulu m'envoyer) des causes majeures viennent à rompre sans retour les bases de l'association, il rentre alors dans l'indépendance originaire...» Accordé.

(71) Mais observons ici que s'il a donné un consentement, il concourt, il n'est pas subjugué ni asservi, il n'est pas *sujet*.... (1) il est *citoyen*. Consentir, concourir, n'est pas s'assujettir.... ou si c'est s'assujettir, c'est assujettir en même temps celui avec lequel on a contracté, consenti, avec lequel on concourt....

Ne jouons donc plus sur les mots....

(72) Page 12. « La seule *condition tacitement entendue*, est que celui qui gouverne, gouvernera suivant la justice...» Fort bien !... mais pourquoi ne pas ajouter et le bien général?...(2)

(73) Pourquoi, s'il en est ainsi, vous opposeriez-

---

(1) J'ai observé que le mot sujet n'a jamais pu s'appliquer qu'aux habitants de Venise, qui n'étaient pas membres des portiques (Voy. mes Considér. 1818, p. 96 et ailleurs); tous les autres, esclaves ou serfs, ont été traités ainsi par droit de conquête, ou par extension de ce droit prétendu.

(2) Ce mot, le bien général, semble glacer d'épouvante ceux qui veulent être vos seconds, car ils s'apprêtent à faire sur ce mot des observations ainsi que l'indique le n°. 3 placé p. 295 du Mercure royal, cité après ces mots le *bien général*. (Mais je les ai expliqués dans ma 3ᵉ. proposition, et vous semblez vouloir l'évi- er p. 356.)

vons, Monsieur, à ce que, de tacite ou implicite qu'était cette convention ou condition, elle devint explicite avec toutes ses conséquences, par des stipulations aussi claires et aussi précises que celles des Cortès d'Arragon et de Castille ?

(74) Disputez, si vous le voulez, sur les termes de ces stipulations, mais il n'en sera pas moins vrai que ce mode de stipulation, comme tous les termes de tous les contrats, de toutes les conventions possibles, soit publiques soit privées, devront être réglés, consentis par les contractants, ou au moins par la majorité des contractants, si tous ont consenti que ce serait l'avis de la majorité qui l'emporterait dans la rédaction de ces stipulations. Mais quand même on vous accorderait, Monsieur, que ces soumissions sont arrivées successivement, et les unes après les autres ; qu'elles ne sont, et n'ont été qu'individuelles ; vous n'en seriez pas plus avancé, car alors elles n'auraient de consistance et de garantie que dans la fidélité personnelle et individuelle de chacun des contractants à remplir, chacun en ce qui le concerne, les engagements qu'il aurait tacitement ou explicitement contractés, et seul à seul. Dès-lors plus de lien commun.... c'est une association de brigands liés à un chef, ou des soldats d'un *condottiere* envers leur chef.... une pareille association fonde une compagnie, un régiment, mais ne fonde pas une société, une association... il faut des garanties réciproques entre les contractants, une organisation sociale et une loi écrite, en un mot, pour constituer une association politique. Voilà pourquoi nous devons chercher toujours les meilleures stipulations de cette association, jusqu'à ce qu'elles nous soient aussi clairement démoutrées que les cinq premières que

j'ai énoncées ci-dessus, et même les cinq autres que j'ai puisées dans vos écrits.

(75) Quant aux difficultés que vous trouvez à ce que la majorité des contractants soit représentée par des mandataires, délégués, fondés de pouvoirs ou representants, comme vous voudrez les appeler, et à la différence que vous en faites sur ce qu'ils donnent des lois à la majorité au lieu de la représenter ; permettez-moi de vous faire observer que si votre procureur, fondé de pouvoirs valables, a contracté pour vous, il vous a aussi donné la loi : en est-il moins pour cela votre mandataire ou procureur ?... Exigez, si vous le voulez, des stipulations précises et très explicites sur les devoirs et les droits de ces représentants, ceci est dans l'ordre et la justice , toutes les constitutions doivent avoir un chapitre consacré à cet objet, mais qu'il en soit au moins ici comme dans les capitulations d'une ville assiégée....

(76) Je l'ai déjà observé, que signifient toutes les délibérations en assemblées générales, si ce n'est intérêt général de conservation ou d'envahissement ? Tout s'est donc toujours fait, ainsi que je l'ai prouvé dans les neuf premiers périodes de la civilisation , au nom du bien général et de l'unité d'intérêt, et le siècle de fer a commencé au moment où on a voulu opérer, au nom d'un seul, et pour le bien de *quelques uns* , de quelques *sujets fidèles ou favoris*..... La force des choses ou de la vérité, vous a obligé à rejeter quelque part, Monsieur, l'idée des nations régies en esprit de propriété. Qu'est-ce donc que vous entendez, Monsieur, par interpréter la Charte monarchiquement, et trouver des intentions monarchiques dans la Charte ? Quant à moi, je désire que l'on ne soit pas obligé d'interpréter ; que tout soit si

clairement, si explicitement convenu, qu'il ne puisse y avoir d'arrières-pensées, ni de retour vers des choses qui n'auraient pas été très clairement et très explicitement convenues. Ces interprétations monarchiques, ces intentions monarchiques sont-elles même chose, ou sont-elles différentes du reste du bien général de la justice envers tous? Il faut s'expliquer nettement sur ce sujet....

(77) Page 12. « Cependant je n'ai pas dissimulé que cette soumission absolue livrait l'homme à tous les dangers de l'arbitraire. »

(78) Plus loin vous considérez cette extrémité comme fâcheuse, mais je l'adopte, dites-vous, parce que je la trouve opposée à une autre extrémité, l'indépendance pareillement absolue, plus fâcheuse encore.

(79) Mais, Monsieur, qui vous oblige à aller d'extrémité en extrémité, c'est le juste milieu qu'il faut chercher : je sais que vous avez repoussé, sous un certain rapport, cette idée (page 210 de votre Réfut. de Montesquieu), parce que vous observez très bien qu'il n'y a pas deux vérités : mais il s'agit ici d'une moyenne proportionnelle entre deux termes extrêmes, aussi opposés l'un que l'autre à la justice et à la vérité. ...... Est-on donc indépendant lorsqu'on a contracté, consenti? Non, Monsieur, la nature ne le veut pas, la réciprocité et les conventions en ordonnent autrement ; voilà pourquoi un proverbe fort trivial et cependant plein de sens, a dit : *qui a compagnon, a maître.* Quel est le maître de ces compagnons? la réciprocité, les conventions, soit implicites, soit explicites; les procédés dont l'empire est si délicat, si puissant parmi nous.

Voilà pourquoi j'ai pris pour épigraphe de

mes Considérations, 1818, *ut necesse est tamen in librâ ponderibus deprimi, sic animum redere perspicuis.*

(80) Pourquoi parlez-vous donc après cela, Monsieur, d'un défaut absolu d'engagements au moins implicites, pas même entre deux hommes qui se mettent en marche pour aller ensemble de la ville au hameau voisin?... si l'on m'attaque, tu me défendras; si je me trouve mal, tu me soutiendras..... si je suis obligé de m'arrêter, tu m'attendras, etc., etc. (1)

(81) C'est donc de la stipulation de ces engagements, les meilleurs et les plus avantageux possibles pour tous les contractants, que nous sommes convenus de nous occuper,* car c'est le défaut de ces stipulations clairement rédigées, qui est la cause de toutes les divisions qui existent entre les nations et les individus, c'est à cette rédaction que l'intelligence humaine ne doit pas cesser de travailler.

(82) Page 17. Vous considérez comme un despotisme que la volonté générale fasse la loi: mais la volonté générale n'est et ne peut être autre chose que le bien général et la justice envers tous.... Prenez-y bien garde, Monsieur, cette volonté

---

(1) S'il arrive qu'un de ces deux hommes partis ensemble du hameau, éprouve un accident, et qu'il soit abandonné sur la route par son camarade, comment croyez-vous, Monsieur, que celui-ci sera reçu par les gens du hameau ? et si celui qui a été abandonné vient à mourir par suite de cet abandon, quel mépris et quelles haines vont entourer son compagnon, et cependant il n'était convenu de rien.... Telle est la puissance des procédés ou des conventions implicites !... telle est l'action de nos qualités sociales.

(*) Voyez note *, page 10.

générale est tellement despotique en effet, que d'après vous-même elle fait la loi au despote même le plus absolu, et tel que vous le voulez ; à moins qu'il ne soit un insensé, une bête féroce, comme Buonaparte, ou un imbécille, comme *Claude.....* C'est donc avec raison que l'on a dit que le prince comme la loi, dans lesquels on suppose que réside la volonté générale, ne peuvent vouloir le mal..... (*The King, cant't do Wrong*).

(83) Mais ses ministres !... ah !.. Monsieur, c'est à bon droit qu'ils sont suspects aux nations!..... Voilà pourquoi elles appellent sur leurs têtes toutes les responsabilités....... Nous examinerons ailleurs cette question, s'il est nécessaire.....

(84) Voilà pourquoi j'ai dit : on conçoit un intérêt, un but commun entre le prince et la nation ; mais entre l'aristocratie et la démocratie..... *jamais.*

(85) Vous aurez beau, Monsieur, nous présenter les aristocrates et les olygarques comme des moutons (1), cela n'est pas dans la nature de leur institution, et l'aristocratie, comme l'olygarchie ou la noblesse, en France, est, a été, et sera toujours reconnue comme ayant été la plus vaine, la plus factieuse de toutes celles des autres nations d'Europe (14).* Ceci soit dit historiquement et sans aucune arrière-pensée personnelle, car je ne prétends pas nier les vertus, les qualités personnelles de quelques-uns, ni même leur amabi-

---

(1) J'ai démontré ailleurs que l'oligarchie constituée n'est autre chose qu'une mauvaise et bien plus absurde aristocratie que l'aristocratie nobiliaire, *toute absurde qu'elle est.*

(*) Voyez note *, page 7.

lité dans les rapports ordinaires de la vie; mais ces avantages sont personnels à quelques uns, et plusieurs de ceux qui les possèdent, les perdent immédiatement lorsqu'ils stipulent comme noblesse: *tant il est vrai que leurs vices tiennent à celui de leur institution , bien plus qu'aux individus ; ce qui fait assez voir jusqu'où va la puissance corruptrice de cette fatale et absurde institution.... ou usurpation....* (*) Je l'ai dit, l'asservissement, l'oppression pèsent à tous les cœurs généreux qui sont dans le cas de les exercer; il n'y a que *l'aristocratie qui ne s'en lasse jamais.*

(86) L'oligarchie comme l'aristocratie opèrent nécessairement la division des intérêts, et donnent nécessairement l'orgueil et l'avarice , et tous les vices que ceux-ci traînent à leur suite, pour ressorts au gouvernement qui les admet.....

(87) *La noblesse en France n'a-t-elle pas constamment eu recours à l'étranger , tantôt contre les Rois, tantôt contre la nation qu'elle opprime pour asservir, tantôt les rois, tantôt la nation à sa république aristocratique,* (15) ** *et si les rois ont quelquefois été forcés d'avoir recours à l'étranger contre les factieux toujours en insurrection,* comme Louis XI et Henri IV, dont vous citez la bataille d'Ivry , n'est-ce pas *cette misérable institution* ou organisation de l'association politique, telle qu'elle existait parmi nous depuis la conquête des Gaules par les Francs, qui a forcé les rois à cette déplorable mesure.

(88) Observons du reste que *les crimes de l'émigration, avant et depuis son retour avec les ba-*

(*) Voyez note (*b*), page 8.
(**) Assertion fausse et erronée. Voy. note (*b*), page 8.

gagés de l'ennemi * si savamment amené sur le sol natal, n'ont absolument rien de commun avec la bataille d'Ivry, les Reîtres et les Lansquenets de Henri IV..... L'émigration n'a jamais été mue ni dirigée que par des vues personnelles et jamais par les vues du bien général et de la justice envers tous, qui ont constamment été celles de cette majorité (16)* de la nation française, qu'un certain parti aime tant à calomnier : ces vues et ces intentions étaient aussi celles de Henri IV, dont elles ont fait la grandeur ; et s'il appelait à lui les Reîtres et les Lansquenets, pour combattre les Guises et la Ligue, c'est qu'il était avare du sang français qu'il voyait couler à regret dans les rangs de la Ligue comme dans les siens, et qu'il voulait ménager son parti : c'est parce que Henri IV avait des entrailles, qu'il était grand....

(89) Ne sont-ce pas les Rois, Monsieur, qui, depuis Louis-le-Gros, l'abbé Suger et Charles V, dit à bon droit le Sage, ont constamment miné le pouvoir des grands, ou la féodalité, en attirant à eux les communes, et en créant une noblesse qu'ils ont toujours opposée à la féodalité et à l'ancienne république aristocratique des Francs?.. c'est cependant une république aristocratique des *Francs régénérés* que l'on voudrait maintenir ou réorganiser parmi nous!... Peut-on concevoir l'égarement de ceux par qui cette conspiration des Francs régénérés, ou de la république aristocratique de M. de Châteaubriant ou de M. de Montlosier, *in consilio fidelium*, ne cesse d'aller son train, à la honte du 19e. siècle, parmi nous?

(90) Page 18. Vous parlez du despotisme

(*) Voyez note (*), page 7.

qu'accepte un religieux de la Trappe : mais, Monsieur, il l'accepte comme la partie la plus grave de la pénitence qu'il veut s'imposer !.... Voulez-vous d'ailleurs faire d'une nation, une congrégation de Trappistes ?..... Obligez donc les princes aux mêmes devoirs que l'abbé.....

(91) Vous parlez ailleurs, page 33 de votre Réfut. de Montesquieu, de la nécessité d'une volonté et d'une puissance dominante dans le corps politique....... Cette volonté et cette puissance dominante ne sont-elles pas toutes trouvées dans ce que nous avons dit de l'empire du bien général et de la justice envers tous, de la réciprocité et des conventions dont les majorités ne se départent et ne s'écartent jamais, qui domine souvent et doit dominer toujours le prince, mais dont les minorités, qui malheureusement gouvernent toujours les nations, sont toujours prêtes à s'écarter et s'écartent toujours autant qu'elles peuvent, lorsque cela convient à leurs intérêts, et pour peu qu'on laisse le pouvoir résider dans les mêmes mains?... (17) * tandis que nous avons vu que la volonté du prince honnête homme, et la toute-puissance même dont vous voulez qu'il soit revêtu, lui sont essentiellement subordonnées ; que la plus grande identité d'intérêts peut régner entre le prince et la nation, mais jamais entre l'aristocratie et la démocratie, conception, je ne cesserai de le répéter, *la plus funeste et la plus monstrueuse que l'esprit humain ait pu concevoir* dans les continuelles aberrations de son intelligence et de ses passions.

(92) Pardonnez, Monsieur, si je continue à

(*) Voyez note (*), page 8.

vous indiquer les points ruineux de votre doctrine : ceci entre dans les droits de la discussion, et je vous prêterai sans doute aussi le flanc, plus que je ne le présume peut-être ; mais vous verrez que nous finirons par nous entendre beaucoup mieux que vous ne le pensez peut-être aussi, car nous sommes d'accord sur une foule de points, surtout sur le point capital de votre Réfutation de Montesquieu, et sur cet autre point essentiel sur lequel mon système repose, la nécessité de l'unité de pouvoir par l'unité d'intérêts.

(93) Ainsi j'admets avec vous, Monsieur, que l'autorité royale n'est point envahissante de sa nature, et lorsqu'elle n'est point contestée (1).

(94) Mais vous devez admettre avec moi que l'autorité de la justice et de la vérité ou des conventions, est la seule puissance absolue, immortelle, à laquelle vous reconnaissez d'ailleurs que celle du prince le plus absolu lui-même doit être subordonnée ; et sous ce rapport vous avez pu dire avec quelque raison, que ce n'était pas la majorité, mais le pacte primitif qui était le souverain, car cette puissance absolue de la justice et de la vérité est celle que les majorités des nations ne cherchent jamais à éluder, à laquelle elles ne peuvent ni ne veulent jamais se soustraire ; c'est

---

(1) Qui pourrait et qui voudrait la contester lorsqu'il y a unité d'intérêts, tandis que lorsqu'il y a division des intérêts, c'est toujours nécessairement l'aristocratie qui la conteste habituellement, ou quelquefois la démocratie, lorsque le prince, par un grand renversement d'idées, est d'accord avec l'aristocratie pour l'oppression ou l'asservissement du reste de la nation ? Mais on n'a rien de cela à redouter lorsqu'il n'y a ni aristocratie, ni démocratie, ou lorsqu'il y a unité de pouvoir, fondée sur l'unité d'intérêts....

leur patrimoine et leur seule garantie ; mais ceci serait encore un jeu de mots, car comme c'est pour et par la majorité que cette autorité absolue doit régner, c'est dans cette majorité que réside réellement la puissance souveraine, au nom de laquelle et pour laquelle tout doit être pesé, pensé et exécuté... car faisons tout pour le peuple, et rien par le peuple.

(95) Des insensés et des brigands, comme Pugatscheff, peuvent bien faire quelquefois commettre de grands crimes par une multitude qu'on est tenté quelquefois de confondre avec la majorité non organisée, quoiqu'elle ne renferme presque jamais cette majorité ; mais la majorité organisée dont les droits ne seront point contestés ni mis en péril, ne sera jamais séduite ni égarée par de pareils gens.

La preuve en est, Monsieur, que tout le monde a dit, senti et répété que si les assemblées primaires et les droits de cité avaient été organisés, jamais Louis XVI, ni tant d'autres victimes ne seraient montées sur l'échafaud...... Voilà pourquoi j'ai dit : Là où la majorité n'est point organisée, il n'y a point de garantie pour les droits de personne, pas même pour ceux du prince....

(96) « On ne peut confier la garantie des droits
» de la majorité à une minorité. Là, où il n'y a pas
» une puissance qui ait l'intérêt général pour but,
» il ne peut y avoir ni contrats, ni stipulations
» respectés. (Voyez page 118 de mes Considér.,
» 1818, et la note sur le passage (qui peut recevoir
» dès aujourd'hui son application dans toute son
» étendue, etc., etc.)

(97) Quoi qu'il en soit, comment et pourquoi méconnaîtrions-nous la souveraineté de cette saine majorité des nations, qui n'a qu'une seule

volonté, une seule passion, un seul besoin, *le bien général et la justice envers tous?*... Cette majorité, qui ne parle et ne réclame sa souveraineté qu'afin que personne ne soit tenté d'en abuser et que pour en déléguer l'exercice; qui invoque pour elle-même, comme pour le prince, le frein salutaire des lois; car *là où rien ne retient la puissance, rien ne la protège* (18) *; qui veut que ce frein soit imposé à tous ceux qui seraient tentés de s'écarter du sentier de la justice et du bien de tous; ce souverain qui reconnaît que l'intérêt du prince homme de bien est identique avec le sien, lorsqu'il n'est point égaré par ses conseils et ses ministres..... Ce souverain qui (19) * n'a qu'un seul besoin, celui de la justice, de l'ordre et de la paix, qui salarie si généreusement ses délégués, qui leur suppose toujours *ses belles, ses nobles, ses généreuses intentions*, qui les en récompense par tant de gloire et de louanges....; comment un tel souverain ne mériterait-il pas toute notre admiration, notre amour et nos respects? Le prince qui veut lui ressembler, qui s'identifie avec lui, n'est-il pas sûr de les obtenir?

(98) Vous observez très bien, Monsieur, que le pouvoir disputé est le seul qui cherche nécessairement à s'accroître : j'ai remarqué que c'était par-là que la puissance du prince, toujours contestée par l'aristocratie, n'a pas cessé de s'accroître en France, depuis Louis-le-Gros et l'abbé Suger, (20) * attendu que la puissance absolument abusive de l'aristocratie reposait sur un contresens moral et politique, sur ce misérable pivot de

---

(*) *Voyez* note (*), page 7.

l'équilibre, dont vous avez si bien démontré l'absurdité.

(99) Donc, si la puissance de l'aristocratie et de la féodalité a déchu d'âge en âge, dans des temps, on peut dire encore de barbarie et d'ignorance, précisément parce qu'elle divisait le pouvoir et voulait partager la souveraineté, comment peut-elle, comment ose-t-elle entreprendre aujourd'hui de se reconstituer sur de nouvelles bases... et si l'on dispute à ce souverain si sage (21)[*] la puissance qu'il réclame d'être appelé comme garant de tous les droits, et qui n'en a jamais fait un mauvais usage, même pendant notre révolution, ainsi que je l'ai prouvé (pages 163 et 164 de mes Considér., 1818), ne craint-on pas de rendre envahissants les droits et la puissance qu'il réclame, et qu'on ose lui contester ? Ne voyez-vous pas, Monsieur, qu'en établissant cette dangereuse contestation, vous tendez à renverser les principes que vous établissez vous-même lorsque vous dites, page 10 de votre Réfutation de Montesquieu, la législation n'est bonne qu'autant qu'elle assure le bonheur des individus ?

(99) Pour assurer le bonheur des individus, il faut que la législation les compte et les pèse pour autre chose que pour l'impôt..... Il faut qu'elle les place dans une position telle qu'ils aient lieu d'être contents de leur sort. Il faut qu'elle assure la stabilité, la garantie des droits de tous, et le bonheur même du prince...

Pour assurer le bonheur du prince, il faut qu'elle le mette à l'abri des attaques de la démocratie et de l'aristocratie, comme des séductions

---

(*) Voyez note (*), page 7.

de ses favoris et des mauvais conseillers dont l'a-
ristocratie l'environne sans cesse (1) ; qu'elle lui
désigne un conseil qui mérite la confiance de la
nation comme celle du prince, car le prince ne
peut être heureux sans la justice et les lois, attendu que, *là où rien ne retient le prince ou la
puissance, rien ne la protège,* parce que sans *le
bien général et la justice envers tous...... personne ne peut être heureux.......*

(100) Sont-ce là les rapports que vous voulez
contester ? Non, Monsieur; je n'ai pas besoin d'at-
tendre là-dessus votre réponse, quoique vous
ayez dit, par un singulier écart de l'imagination,
que quand le prince rend une loi, il fait un pas
vers l'anarchie. Ce paradoxe m'a plu, parce qu'il
a arrêté ma pensée ; mais il n'exige pas, je crois,
d'être réfuté autrement qu'en l'opposant à ce que
nous venons de dire, attendu que vous avez
reconnu des conventions entre votre prince absolu et ceux qui reconnaissent sa puissance et sa
protection. Or, ces conventions et leurs conséquences directes et immédiates, sont des lois dont
ils ne peuvent s'affranchir, et qu'il s'agit de rédiger pour le bien commun.

(101) Telle est l'harmonie, tels sont les rapports
que l'on cherche cependant à détruire parmi
nous, en cherchant à ressusciter l'aristocratie ou
la division des intérêts ; car l'aristocratie est la
seule institution funeste qui puisse contester au
prince, à la nation, à la justice, à la vérité, l'im-

---

(1) J'ai prouvé que les conseils formés par l'aristocratie autour
des princes sont toujours nécessairement et essentiellement mauvais.

mortelle puissance dont ils sont seuls légitime-
ment revêtus.

` C'est en élevant une aristocratie ou une oli-
garchie, comme on s'efforce de le faire aujour-
d'hui, que l'on constitue parmi nous la démocratie et la division des intérêts comme du pouvoir.

(102) Combien ne sont-ils donc pas coupables,
les ignorants ou perfides ministres ou conseillers
qui osent proposer et soutenir de pareilles lois !
Ils détruisent sans retour le bonheur du prince,
la stabilité des lois, la sécurité de la nation, et
nous retiennent au bord du précipice des révo-
lutions.

L'oligarchie est la plus sotte aristocratie que
l'on puisse organiser, car l'oligarchie, qui opère
aussi la division des intérêts, ne représente
qu'elle ; elle ne représente les intérêts généraux
qu'autant qu'ils peuvent être d'accord aves les
siens, et n'a jamais intérêt à s'opposer aux progrès
d'un régime arbitraire (1).

(103) Nous avons vu jusqu'ici, par notre histoire,
que ce sont les communes qui ont cimenté la
puissance des Rois, et amené la chute de la féodalité ; que ce sont les Valois, dont le système a
été si heureusement continué par les Bourbons,
depuis l'abbé Suger jusqu'aux cardinaux de Ri-
chelieu, Mazarin et de Loménie (2) qui, en divisant

____

(1) J'ai fait à cet égard, il y a deux ans, de singulières prédictions à ce sujet à un fameux ministre.... Ces prédictions com-
mencent à se vérifier de point en point ; je les ferai connaître dans
un autre instant....

(2) Il est fort remarquable que ce soit par l'influence de quatre
prêtres que l'aristocratie féodale ait été anéantie en France, et que

toujours les aristocrates entre eux, et s'étayant sans cesse du secours des communes, ont amené la chute de la féodalité, cause de tous maux parmi nous, dès avant la paix de Dieu, depuis la Jacquerie, la guerre dite du bien et bientôt après du mal public, jusqu'à la Ligue, la Fronde, et la révolution.

(104) Ce sont les Rois qui, par un sentiment explicite de la justice, de leurs avantages et de leurs devoirs, ont reconnu, les premiers, qu'ils n'étaient institués que pour le bien de tous et la justice envers tous, malgré les préjugés dont ils étaient entourés, par leurs flatteurs et par l'ignorance des différents siècles; ce sont les Rois qui se sont vus forcés d'anéantir la féodalité, et c'est encore en ceci que la nécessité ou la force des choses nous a mieux servis que nos raisonnements, car c'est par ceux-ci qu'on voudrait nous conduire à rétablir une semblable institution, tandis que c'est en l'anéantissant, que l'autorité royale s'était acquis en France cet amour si général, si universel de la nation, qui faisait à bon droit la gloire et l'orgueil des Bourbons..... et c'est par une conduite opposée qu'on voudrait les forcer à se perdre! Veuillez bien remarquer, Monsieur, *que si cet amour si bien senti, si général pour les*

---

ce soit par l'influence de quelques prêtres facticux, de nos jours, que cette puissance, essentiellement *anarchique*, ennemie de toute justice et de toute équité, soit soutenue aujourd'hui, et que l'aristocratie, dévote par politique, veuille se faire de la religion un moyen de police, et un véhicule pour ses projets d'oppression et d'envahissement(*).

(*) Voyez note (*b*), page 8.

*Rois, a paru oblitéré chez quelques Français,
c'est par la protection que l'on a prétendu que
quelques princes accordaient à l'aristocratie, qui
est si coupable envers eux comme envers la nation ; qui les circonvient de ses mensonges et de
son ambition; qui seule élève enfin parmi nous la
division des intérêts, et par conséquent fomente
les troubles..... Institution funeste, subversive
de toute idée d'ordre, de justice et de vertus parmi les hommes,* comme je crois l'avoir prouvé*
dans mes Considérations, et plus récemment encore dans mon Adresse; *institution funeste qui
seule s'oppose encore au rétablissement de l'ordre et de la paix parmi nous,* parce que, dans
le moment, elle conteste la souveraineté du peuple
ou du bien général et de la justice envers tous, en
se réservant de contester dans un autre instant
l'unité de pouvoir! Institution trois fois funeste,
contre laquelle le trône, la nation et la raison
publique ne doivent pas cesser de se réunir et de
combattre, comme ils l'ont fait jusqu'ici, puisque
ses débris osent encore lutter contre la puissance
immortelle de la justice, de la vérité et des droits
de tous !

(105) Vous voyez, Monsieur, combien vous
avez abondé dans mon sens, en réfutant Montesquieu et l'absurde système des équilibristes.
Vous me paraissez d'autant plus près de la vérité,
que vous n'avez pris nulle part, dans vos écrits,
beaucoup de soin pour justifier la division des
intérêts, ou l'absurde système de l'aristocratie et
de la démocratie, quoique vous les admettiez
implicitement, par suite des habitudes et des

(*) Voyez note (*b*), page 8.

préjugés dans lesquels toute la génération ac-
tuelle est encore née, et que la révolution n'a pas
encore entièrement dissipés, grâces à cette fatale
erreur de Montesquieu (1), surtout chez ceux qui
croient avoir intérêt à la soutenir...... Cependant
c'est autour de ce système de l'unité d'intérêts,
si mal à propos appelé de l'égalité des droits, que
tous les esprits errent depuis le commencement
de la révolution, et même long-temps avant, en
France, en Espagne, en Angleterre, en Prusse,
en Italie, etc.

(106) Mais on ne peut pas fonder l'égalité des
droits sur la division des intérêts.

On ne peut pas fonder l'unité de pouvoirs sur
cette même division.

On ne peut pas fonder la stabilité sur cette
division de pouvoir et d'intérêts.

(107) Pour arriver à la stabilité, il faut qu'il y
ait un nombre suffisant (23) * de citoyens convenablement intéressés au maintien de la constitution et des lois; il faut que la grande majorité ait
lieu d'être contente de son sort.

(108) Pour que la majorité ait lieu d'être contente de son sort, il faut qu'elle soit pesée et
comptée autrement que pour l'impôt.

Là, où la majorité n'a pas lieu d'être contente
de son sort, il n'y a aucune garantie, aucune stabilité; l'on ne peut y arriver que par l'asservissement, mais l'asservissement n'est pas la justice,
l'asservissement dure autant qu'il peut, mais la

---

(1) *Voyez* ci-après la note pag. 60; on voit par là de quelle importance peut être l'erreur d'un homme d'un grand esprit....

(*) Voyez note (*), page 7.

justice de sa nature est éternelle ainsi que l'ordre
qui repose sur elle.

(109) Il est extrêmement injuste et imprudent de
dépouiller les majorités de tout exercice de droits
de cité ; on étouffe par-là tout esprit public, tout
concours de volontés ; tout devient, dans l'état,
l'affaire de quelques-uns ; les vues et les intérêts
personnels dominent de tout côté ; l'orgueil et
l'avarice deviennent les uniques ressorts du gouvernement, et la douce, la pénétrante influence
de nos qualités sociales, se trouve entièrement
anéantie.

Le législateur prudent et homme de bien doit
donc faire entrer les majorités dans la cité, s'il
veut l'ordre, la justice envers tous, la stabilité, et s'il veut que nos qualités sociales deviennent les ressorts de sa politique, ou du gouvernement qu'il fonde.

(110) J'ai donc prouvé qu'il n'y a rien de pis
dans un état, que des droits mal définis, mal déterminés ;

Que la Charte ne définit ni ne détermine les
droits de personne, ni de l'aristocratie, qu'elle
a si *malheureusement** ressuscitée par son article
71, ni de la démocratie ou démagogie qu'elle res-
suscite par ce même article, car la majorité n'est
comptée ni pesée pour rien que pour l'impôt, elle
n'est démocratie que parce qu'on constitue une
aristocratie par ce terrible article 71, et une oligarchie par l'article 38 ; ... (1)

(*) Voyez note (*b*), page 8.

(1) M. de Villèle a très fortement raison dans beaucoup de
choses qu'il dit à cet égard, quoiqu'il ne les présente pas dans leur
vrai sens....

Que la Charte revisée, sera le plus beau présent que S. M. Louis XVIII pourra laisser à la nation et à la dynastie, puisque cette révision fera disparaître les objections que l'on oppose à sa *stabilité*, et qu'elle organisera la majorité ou le régime municipal dont on réclame depuis si long-temps en vain la réorganisation.

(111) Nous avons prouvé que cette réorganisation est la base de toute association politique ; que l'on ne doit pas commencer et recommencer sans cesse l'édifice par son sommet, et que l'expérience et le raisonnement doivent au moins servir pour quelque chose à cet égard.

(112) Il m'est aujourd'hui bien démontré que si cette réorganisation n'a pas eu lieu jusqu'ici, c'est que le ministère a entièrement manqué d'idées à ce sujet, et d'ailleurs cette organisation de municipalités ou assemblées primaires, doit faire partie de la Charte, et ne doit pas être renvoyée à ses lois organiques.

(113) Vous voulez un despotisme conditionnel ou constitutionnel, Monsieur ; vous faites de grands efforts pour l'établir ; vous en cherchez l'origine dans la nature des choses, et sans vous livrer à des déclamations contre ceux qui n'acceptent pas votre opinion. C'est une modération dont on doit vous tenir compte. Je veux la même chose que vous, Monsieur, mais en d'autres termes, (24) * car, permettez-moi de vous le faire observer, un despotisme conditionnel ou constitutionnel n'est plus un despotisme ; l'unité de pouvoir s'accorde très bien avec le prétendu despotisme de la majorité ou de la première

_____

(*) Voyez note (*), page 7.

loi, de la première condition, du premier but de toute association politique, le bien général ou universel et la justice envers tous, lesquels sont l'unique loi de la majorité, celle qui renferme toutes les autres, celle que l'unité de pouvoir est chargé de faire exécuter et de respecter toujours, dans votre système comme dans le mien: car si votre prince ou despote est obligé de respecter ses engagements envers les particuliers, à plus forte raison envers tous, envers et contre tous, ce qui n'admet ni aristocratie, ni démocratie, (25) * ni vues personnelles, ce qui repousse l'orgueil et l'avarice de toute part, et n'appelle à l'aide du gouvernement que nos vertus et nos qualités sociales.

C'est donc dans cette loi et dans la nécessité morale et politique, sous l'empire de laquelle nous ne devons pas cesser de vouloir vivre, que réside le despotisme constitutionnel dont nous voulons que le prince soit revêtu: ce despotisme ne doit rencontrer d'obstacle (26) * que quand il tend à s'écarter de sa base et de son origine, ou du bien général et de la justice envers tous, au nom desquels il commande despotiquement et absolument comme cette loi même.

(114) Mais pour aider le prince ou le monarque dans l'exercice de ses fonctions, et soulager son attention dans la recherche des meilleures stipulations, il faut que la loi ou les institutions lui nomment des coopérateurs, un conseil qui mérite sa confiance et celle de la nation au nom de laquelle il commande; car l'expérience et le raisonnement nous ont appris que quand c'est lui seul

---

(*) Voyez note (*), page 7.

qui les nomme, il est tellement circonvenu par
les flatteries, par les adulations, par tous les vices
enfin qui fourmillent à sa cour, qu'il est sujet à
s'égarer dans ses choix, et à accorder sa confiance à des hommes dont le plus grand intérêt est
de tromper sa religion, et de le conduire à la
violation de ses engagements, sous le prétexte de
faire respecter sa puissance, que personne cependant ne pense jamais à attaquer dans la majorité.

(115) Voilà pourquoi le prince, ainsi que la
nouvelle constitution d'Espagne l'a si bien reconnu, ne doit pas avoir un conseil d'état organisé à la Buonaparte, qui ne soit nommé que par
lui ; car il est évident que, sans cela, les conseils
du Roi consacreront les maux attachés à l'aristocratie, et n'y remédieront pas ; d'ailleurs, un conseil-d'état non organisé par la loi, divise la puissance ou le pouvoir, en établissant une lutte entre les autorités reconnues par la loi, comme le
conseil d'état organisé par Buonaparte, qui sous-
trait les fonctionnaires publics à leurs juges natu-
rels et à l'action des citoyens contre eux, et dont
Buonaparte, par ses ordonnances, a seul reconnu
et créé la puissance, qui paralyse souvent l'influence des Chambres, et arrête la justice dans
son cours ; institution illégale, digne du génie du
despotisme le plus furieux et le plus insensé qui
ait accablé la terre ; et cependant c'est un pareil
conseil-d'état qui environne S. M. Louis XVIII.
(Ceci soit dit abstraction faite des individus dont
je ne m'occupe nullement.)

(116) Veuillez bien cependant remarquer avec
moi, Monsieur, combien ce beau système de la
nécessité morale et politique met de simplicité
et de grandeur dans la royauté, en la constituant

gardienne de l'unité d'intérêts, de l'unité de pouvoir, garante de l'exécution des lois ou conventions, garante de l'ordre, de la paix et de la justice, en confiant la garantie de ses propres droits à cette immense majorité qui ne pense jamais à les attaquer, tandis que l'aristocratie les mine sans cesse, ou ceux de la nation ; et n'est propre qu'à cela. Quelle harmonie, quelle stabilité ne présente pas un pareil ordre de choses, où la majorité a lieu d'être contente de son sort!....

Veuillez bien contempler un instant cette majorité toujours calme et occupée, écoutant et jugeant la conduite et les opinions de son prince et de ses représentants, sans avoir d'autres fonctions à remplir que ses nominations, tant qu'on respecte son organisation et ses droits.

- (117) Tel est l'ordre de choses que nos constitutions modernes tendent à établir, et auquel elles ne parviendront jamais avec la division du pouvoir ou des intérêts, ou avec une aristocratie comme avec une oligarchie et une démocratie, car l'oligarchie, comme je viens de le dire, établit aussi la division des intérêts, etc.

Mais nous arrivons à ce grand but de l'ordre, de la stabilité, par l'unité d'intérêts, qui constitue et organise l'unité de pouvoir et les garanties de la justice et des droits de tous, confiées à la majorité des nations.... car

On ne peut confier aux minorités la garantie des droits des majorités ;

Sans l'organisation des majorités, il n'y a de garantie pour les droits de personne, pas même pour ceux du prince, ainsi que S. M. Louis XVIII en a fait la douloureuse expérience......

Comment et par quel renversement d'idées les princes osent-ils donc courir les mêmes hasards avec leurs *saintes institutions* de l'aristocratie et de la démocratie, *monstres qui ne se repaissent que de sang humain*, ainsi que je ne cesserai de le répéter ?.... donc il ne nous faut, répéterai-je également, ni aristocratie ni démocratie.

(118) C'est ainsi, Monsieur, que je trouve votre despotisme conditionnel dans la nature des choses, où vous n'avez pas pu le rencontrer, parce que vous n'êtes pas remonté assez haut, et parce que, doué d'une assez grande force d'esprit pour repousser une erreur capitale de Montesquieu et des équilibristes, vous vous êtes trouvé circonvenu par les préjugés d'une faction dont vous ne vous étiez pas encore affranchi.

Vous admettez, au moins implicitement, une aristocratie que nos lois ou nos stipulations, au moins de la part de la majorité, repoussent depuis l'assemblée constituante, et qui revit aujourd'hui de ses cendres, par le vice d'un article mal défini, mal déterminé.

Et remarquons bien que, dans tout ce qui se fait de contraire à ces principes, ce n'est nullement des intérêts du trône, mais de ceux de l'aristocratie qu'il s'agit, pour lesquels on agit, et auxquels on sacrifie les intérêts généraux.

C'est ainsi que nous sommes sûrs de tomber, comme il arrive toujours, du système de l'équilibre *dans le gouvernement d'une faction qui veut et voudra toujours dominer le prince et la nation, et qui nous prépare de nouveaux malheurs, par la réaction d'une faction opposée.* *

(119) Vous reconnaissez, Monsieur, l'élément

(*) Voyez note (*b*), page 8.

4

de l'association politique dans la famille : eh bien ! organisons nos familles ou nos unités politiques, nos municipalités, en un mot, comme des familles ou des unités politiques. *

(120) Il est démontré que cet élément, la famille, se régit, ou est censé se régir toujours dans le sens du bien général et de la justice envers tous et chacun de ses membres, ou que, si elle s'égare dans le choix des moyens d'arriver à ce but, elle est toujours prête à y rentrer, lorsqu'elle a reconnu son erreur..... Tâchons de ne pas l'imiter dans ses *aberrations*.

Quand même les familles ne seraient pas naturellement et nécessairement divisées et distribuées par groupes sur l'étendue du territoire qu'elles doivent cultiver et défendre, le législateur devrait, par ses institutions et ses lois, provoquer cette division et cette distribution, au lieu de les rassembler dans un *Forum*, ce qui ne peut convenir qu'à un état formé d'une seule ville et de sa banlieue, et ce qui leur a d'ailleurs toujours été funeste, ainsi que cela se conçoit aisément.

Il doit organiser, dans chacune de ces municipalités ou dans ces groupes de familles, cette précieuse unité d'intérêts de laquelle jaillit l'unité de pouvoir, l'esprit public et le plus rapide comme le plus puissant concours de volontés : organisation que l'on réclame universellement et à grands cris, mais en vain, parce que le ministère a toujours manqué d'idées ou de bonne volonté à ce sujet..... attendu qu'il était incertain, vacillant, entre une aristocratie, toute puissante encore aujourd'hui parmi nous, et une

---

(*) Voyez note (*), page 10.

opinion publique dans le sens de laquelle, dans son ignorance ou sa partialité, il n'osait pas mar- cher.

(121) Cependant cette organisation des muni- cipalités ou centuries, est le grand et véritable moyen de faire entrer la majorité dans la cité, de l'organiser sans anarchie, d'attacher au main- tien de la constitution et des lois un nombre suf- fisant de citoyens convenablement intéressés à leur durée, et de donner enfin nos qualités so- ciales au lieu de nos penchants anti-sociaux pour ressorts au gouvernement, en organisant l'unité de pouvoir par l'unité d'intérêts.

(122) Voilà ce que j'ai prêché jusqu'ici, et que je ne cesserai de répéter, dussé-je prêcher dans le désert des passions politiques, car il faut du calme et le silence des passions et des vues personnelles, pour m'entendre sainement.

(123) Veuillez bien me réfuter, Monsieur, si je suis dans l'erreur sur toutes ces grandes et belles questions qui vous sont familières, et que si peu de gens sont en état d'aborder.... *

Je vous ai suivi lorsque vous avez voulu com- mencer l'édifice par son sommet; veuillez bien me suivre quelques instants lorsque je veux l'or- ganiser par ses bases; (27)** et, d'après ce que nous

---

(*) Et Messieurs de la *Minerve* ! et Messieurs des *Lettres nor- mandes* ! M. le professeur y pense-t-il ? Et MM. de Rebecque, Manuel, Keratry ! et tant d'autres publicistes à la grosse !... En vérité, il y a conscience !... Pour le coup, le *Constitutionnel* n'en voudra pas démordre ; il appellera tout ceci une prétendue discussion.

(**) Voyez note (*), page 7.

venons de dire, veuillez bien considérer un instant avec moi à quels écarts de l'esprit et de l'i-
magination on est obligé d'avoir recours, pour
justifier, s'il est possible, les attentats continuels
des minorités contre les majorités, leur état habituel de conspiration et de perfidie contre les
droits de tous, dans la vue d'établir un *despotisme prétendu légitime*, fondé sur l'aristocratie,
mais dont vous êtes bientôt forcé, Monsieur, par
la force de votre raison, de la justice et de la vérité, d'abandonner en quelque sorte l'idée, en re-
connaissant que votre despotisme, tout absolu
que vous le voulez, repose néanmoins sur des
conditions, soit implicites soit explicites (1), dont
vous portez fort loin les conséquences.

Suivant vous, ce sont :

(124) Les soumissions individuelles à la puissance et à la protection d'un seul;

C'est le gouvernement qui fonde la société;

Vous voulez revêtir, en conséquence, celui qui
est dépositaire de ces soumissions, d'une puissance absolue, tant qu'il exécute les conditions
implicites de ces soumissions;

Ainsi votre despotisme absolu se change immédiatement en un despotisme conditionnel ou
constitutionnel, qui est à mes yeux l'unité de
pouvoir basé sur l'unité d'intérêts; car le despotisme ne reconnaît ni aristocratie ni démocratie, comme je l'ai déjà observé : un pareil
ordre de choses n'est plus un despotisme, et vous
portez fort loin le droit d'insurrection (28) *

____

(1) Il n'y a point de despotisme absolu pour les publicistes de
bonne foi, comme il n'y a point de pyrrhonisme ni d'idéalisme
absolu pour les philosophes raisonnables.

(*) Voyez note (*), page 7.

comme de renonciation à un pacte dont les conditions ne sont pas remplies ou exécutées de bonne foi de part et d'autre.....

(125) Dans mon système, au contraire, chacun donnant promptement et de plein gré son assentiment à la première, la seule invariable loi ou condition de toute association, *le bien général et la justice envers tous*, la société se trouve fondée sur le principe nécessaire, ou sur la nécessité morale et politique dont il est l'énoncé positif.

Mais pour que vous n'ayez plus à me reprocher, Monsieur, le vague de cette expression, le bien général qui ajoute, suivant moi, beaucoup à l'idée de justice envers tous, que j'ai déjà précisée, je vais la définir d'une manière plus explicite.

(126) Le bien général, outre la justice envers tous, sans laquelle ne peut exister la sûreté des personnes et des propriétés, suppose la bonne organisation des administrations et autorités qui seront chargées d'y veiller. Il comprend les bonnes (1) mœurs, ou la mise en action de nos qualités et de nos vertus sociales, la répression de nos penchants et de nos vices anti-sociaux, l'orgueil, (3o) * l'avarice, et tous les vices qui sont la suite de ceux ci. Il suppose les garanties des libertés individuelles, la sécurité et le bonheur de tous qui

---

(1) Ou la garantie des fruits de l'industrie, qui est à proprement parler la seule propriété de l'homme; car le territoire, dont l'industrie se met en possession, est d'abord la propriété du corps social, ainsi que le prouvent l'impôt et les droits de mutation dont ces propriétés sont frappées (29) *.

(*) Voyez note (*), page 7.

(*) Voyez note (*), page 7.

accompagnent les bonnes lois et les bonnes
mœurs. Les bonnes mœurs ne sont que la con-
formité de notre conduite aux bonnes lois ; or là
où les lois sont partiales et mauvaises, il ne peut
y avoir de bonnes mœurs, lors même qu'elles seraient conformes aux lois....... Ainsi un aristocrate passionné, par exemple, quoique fort honnête homme d'ailleurs, qui fait valoir à son profit,
avec plus ou moins de dureté et d'âpreté, les avantages qu'il veut rencontrer dans l'aristocratie ou
la division des intérêts, qui attache sa protection
et sa justice aux signes extérieurs de la servilité,
qui doit être le partage de la démocratie, tout
en ayant des mœurs conformes à la mauvaise loi
qui le constitue *aristocrate et protecteur*, or-
gueilleux par instinct, devient bientôt avare et
factieux par réflexion, oppresseur par combi-
naison ; il soulève nécessairement contre lui l'orgueil et l'avarice qu'il voudrait étouffer dans les
autres, et toute la société n'est bientôt plus qu'un
chaos de vues et d'intérêts personnels, de haine
et de mépris, *une armée rangée en bataille*
comme vous le dites fort bien, Monsieur ; et si l'on
doit s'étonner, c'est que l'homme avec un pareil
ordre de choses ne soit ni plus méchant ni plus
vicieux qu'il ne l'est parmi nous : et voilà comme
on malmène, répéterai-je sans cesse, le pauvre
cœur humain, dont on peut tirer tant et de si
belles choses, lorsqu'on le dirige dans les voies de
la justice et de la raison.

(127) Ce ne sont donc pas les soumissions individuelles à un despotisme, même conditionnel,
qui fondent la société ; mais l'assentiment de tous
ou de chacun à la clause ou convention la plus
équitable, la plus générale, implicitement ad-
mise, et qui renferme toutes les autres, la néces-

sité de la justice, la nécessité morale et politique, en un mot, qui sort de la société.

(128) Celui au *nom de qui, par qui, pour qui* l'on gouverne, *envers qui* l'on s'engage, *même le prince*, est le véritable souverain.

Or les Rois, Monsieur, comme on l'a très bien dit et ainsi que les plus sages d'entre eux l'ont reconnu, sont faits pour les peuples, et non les peuples pour les Rois....... L'aristocratie raisonne autrement, et elle a ses raisons pour cela; mais tels sont les principes profondément et éternellement gravés dans tous les cœurs, et que tous les sophismes de l'aristocratie ne parviendront jamais à détruire....

(129) Veuillez bien considérer un instant avec moi, Monsieur, la différence de nos systèmes: d'un côté, la société nécessairement considérée comme *une armée rangée en bataille*, tous nos penchants anti-sociaux nécessairement mis en action, l'amour, la soif les plus désordonnés de la protection, ou pour mieux dire de l'oppression et de l'asservissement de la portion la plus nombreuse de la société; voilà les conséquences immédiates et nécessaires du système de la division des intérêts, que vous semblez adopter, par une véritable inconséquence; permettez-moi de vous le faire observer, Monsieur, de la part de quelqu'un qui, comme vous, ayant été conduit par la force de sa raison et par la rectitude naturelle de ses idées, à rejeter les erreurs de Montesquieu et des équilibristes, a reconnu, explicitement, que tout droit, toute justice et toute équité parmi les hommes, viennent de la réciprocité et des conventions; et, implicitement, a avoué la nécessité de l'unité de pouvoir à laquelle on ne peut parvenir que

par l'unité d'intérêt (1)..., tandis que, de l'autre côté, nos qualités, nos vertus sociales mises en action, prises pour ressort du gouvernement, et dont la conséquence immédiate et nécessaire est l'unité de pouvoir par l'unité d'intérêts, sont le résultat de mon système.

(130) Je ne prétends point m'appesantir là-dessus, Monsieur, ni peindre ce système avec trop d'avantages; je vous en laisserai le soin, comme je vous en abandonne la critique...... J'ai reconnu et admiré votre modération; vous n'aurez peut-être pas les mêmes éloges à donner à la mienne, car j'ai vu en relisant mes considérations, que j'ai traité fort mal M. de Montlosier..... Je reconnais que j'ai souvent ressenti une grande et violente irritation contre ceux qui défendent les erreurs capitales qui sont la cause de nos troubles;

---

(1) Observons bien que cette inconséquence est la grande erreur de nos jours; vous avez le très grand avantage d'avoir fait un grand pas pour vous en affranchir, en réfutant Montesquieu; mais nos libéraux, qui sont loin d'avoir fait un pareil effort, tombent de toute leur hauteur dans cette ornière, en admettant, avec la Charte telle qu'elle est, la division des intérêts, et voulant l'égalité des droits, comme vous voudriez, Monsieur, l'unité de pouvoir avec cette même division des intérêts. Voilà ce que je n'ai jamais pu faire entendre à nos L..... B. C..... J..... T....., etc., et l'on entend encore nos Français de Nantes, etc., parler dans la discussion d'aujourd'hui de la partie démocratique de la nation..... sans s'apercevoir qu'en ressuscitant la démocratie, ils constituent l'aristocratie.... Il n'y a que ce brave et excellent M. Martin de Gray qui ne tombe pas dans cette ornière.... Ils ont prétendu que la constitution, telle qu'elle est, pouvait marcher si elle était exécutée franchement, comme si cela était possible avec ses dispositions qui mettent *deux armées rangées en bataille; elle marche en effet, grâces à l'habileté de nos ministres, mais comme les écrevisses....* O cæcas hominum mentes !

je n'ai pas cru que l'on pût être aristocrate(*)sans une grande et profonde ignorance, ou sans une grande perversité....... Voilà pourquoi je ne puis m'empêcher de signaler, comme des hommes essentiellement pervers, ceux qui soutiennent des erreurs qu'ils ne sont pas assez ignorants pour partager ; d'où il suit qu'en les propageant, il me paraîtra toujours *qu'ils se mentent à eux-mêmes et aux autres. Or, je ne crois pas que la perversité du cœur humain puisse aller plus loin....* Car la parole ne nous a été donnée que pour dire vrai, et l'intelligence que pour la recherche de la vérité... Je voudrais être forcé de reconnaître que ces Messieurs ne méritent pas toute la sévérité d'un pareil jugement ; je commence à croire qu'il y a plus de violence que de malice chez M. de Montlosier, que j'avais pris pour un des coriphées de ce parti ; mais je ne sais si l'on peut dire la même chose en faveur de plusieurs de ceux qui défendent ses opinions : je voudrais pouvoir le penser. Cependant dans tout état de choses, je vous prie de vouloir bien observer, Monsieur, que mon irritation s'est toujours beaucoup plus manifestée contre l'institution, cause de tous nos maux passés, présents et futurs, si on la perpétue, et contre les erreurs qui la soutiennent, que contre ceux-mêmes qui les partagent avec plus de passion que de raison.

Veuillez bien observer, Monsieur, que dans tout cela, il n'est pas question de royauté, mais seulement d'aristocratie et de démocratie, que je déteste également, et que la royauté n'est

---

(*) Qu'aurait-on donc le droit de dire de certains démocrates, chez lesquels il est impossible d'admettre autre chose que de viles passions, sans le moindre germe de bonne foi ?

qu'un prête-nom à l'ombre duquel l'aristocratie voudrait combattre, pour faire tourner à son profit l'arbitraire, qu'elle voudrait consacrer afin de consacrer sa propre puissance et la division des intérêts comme du pouvoir, qu'elle brûle de partager et d'envahir, pour nous faire retomber ainsi dans cet absurde système d'équilibre que vous voulez et que nous devons tous vouloir éviter.

(131) Car que signifient autre chose, Monsieur, ces expressions mystérieuses et *sacramentelles* que l'on répète jusqu'à satiété, *les intentions monarchiques* de la Charte, *la Charte interprétée monarchiquement*, avec lesquelles on cherche à égarer la religion du prince et des siens ?...... Ces interprétations monarchiques, cette Charte interprétée monarchiquement, sont-elles différentes du bien général et de la justice envers tous.... ou sont-elles identiques avec ce premier but, cette première condition, cette première loi de toute association ? Non, Monsieur, elles ne sont autre chose que la Charte interprétée aristocratiquement....... Je vous prie de vouloir bien me donner à ce sujet une explication positive et bien explicite, car personne, que je sache, dans le parti libéral, n'a pensé jusqu'ici à attaquer la royauté, (31) * ni *l'hérédité*, qu'on veut bien si

* * *

(*) Voyez note *), page 7. Voyez aussi la *Minerve*, la *Bibliothèque historique*, les *Lettres normandes*, le *Censeur*, la *Renommée*, l'*Indépendant*, le *Courrier français*, le *Constitutionnel*, etc.; un peu plus bas, les pamphlets que la censure a fait pulluler; plus haut, ou peut-être plus bas encore, ceux qui l'avaient devancée; par exemple, certain *Catéchiste politique*, lequel en dit à peu-près autant à cet égard que M. Masuyer, certain *Commentateur de Montesquieu*, qui trouve la royauté un rouage inutile, etc., etc.

brusquement confondre avec la *légitimité*. Car il n'y a de légitime que ce qui est juste , vrai et nécessaire ou utile au bien général et à la justice envers tous.

Strasbourg , 20 mai 1820.

~~~~~~~~

(132) J'en étais ici , Monsieur, de l'exposé de nos deux systèmes, et je pensais à le terminer par quelques réflexions sur le premier mémoire que vous m'avez adressé et qui se trouve inséré dans le n°. 13 du Mercure royal, lorsque j'ai reçu votre réponse à ma lettre du 29 avril, en date du 15 mai ; je vais donc terminer cet exposé en répondant à votre second mémoire du 15 mai, ainsi qu'à celui déjà imprimé.

Dans votre réponse du 15 mai , après avoir dit que vous admettez mes trois propositions du 29 avril à charge de les expliquer, vous me posez des contre-propositions sur lesquelles vous me demandez aussi une réponse catégorique que vous avez droit d'exiger...

(133) Ire. *Proposition de M. de St.-Roman.*

« Il n'y a que des collections d'individus in-
» dépendants; il n'existe point de nations, pro-
» prement dites, ou, en d'autres termes, point de
» société politique, à moins que ces mêmes in-
» dividus n'aient contracté des engagements qui
» les lient entre eux... *Accordé.*
D'autant plus que nous avons reconnu et admis que la réciprocité et les conventions sont
~~~~~~~~

les seules bases de tout droit, de toute justice, et de toute autorité parmi les hommes.

Accordé sans autre restriction, si ce n'est que la première de ces conditions, conventions, ou engagements, soit implicite, soit explicite, est *le bien général*, ou *universel* comme vous le demandez, Monsieur ; nous voilà donc d'accord à cet égard, et il serait difficile que nous ne le fussions pas.

(134) IIe. *Proposition de M. de St.-Roman.*

« Les engagements peuvent consister dans » cette simple promesse de ne jamais se séparer. » *Observé....*

Cette promesse ne peut pas et ne doit pas entrer dans les stipulations du pacte social ; elle ne fait point partie des meilleures stipulations de ce pacte que nous devons chercher à déterminer ; car, vous l'avez dit, Monsieur, *la violation des engagements ne se suppose pas...* et nous n'avons pas à craindre qu'un grand nombre d'individus veuillent se séparer de notre association politique dans laquelle on voudra et l'on poursuivra constamment l'exécution de notre première loi, condition ou convention (1). Mais vous entrez dans de grands développements à l'occasion de cette seconde proposition, dans lesquels je ne vous suivrai pas pour le moment, mais sur lesquels je reviendrai au besoin dans un autre instant, car nous devons vouloir abréger et procéder à cet effet par élimination. Ainsi

---

(1) *Voyez* ci-dessus ma supposition de deux hommes qui se rendent du hameau à la ville.

j'élimine l'aristocratie et la démocratie comme essentiellement contraires à ces meilleures stipulations qu'il nous importe tant de déterminer, comme j'élimine de ces meilleures stipulations cette clause de ne point se séparer.

135. IIIe. *Proposition de M. de St.-Roman.*

« Un second système d'engagement, pour
» former corps de nation, peut consister dans
» une base de pouvoir de direction et de gou-
» vernement, dont on convient et que chacun
» souscrit, à *l'instar* de ce qui se passe pour nos
» sociétés civiles lorsqu'on en dresse le contrat. »
Observé.....

Voilà encore un vice essentiel de nos conceptions politiques qui se reproduit : pourquoi toujours organiser l'association politique par son sommet, au lieu de commencer par ses bases ? Pourquoi vouloir organiser les autorités sans avoir organisé la nation ?

Arrêtons-nous donc un moment ici. Je prétends toujours, dites-vous, Monsieur, à l'occasion de cette proposition (et je ne m'en départirai pas un seul instant), que la condition première et le but spécial des sociétés politiques est la préservation des personnes et des propriétés. Fort bien! Mais ce but ne fait-il pas partie essentielle de notre première loi, *le bien général et la justice envers tous ?*

Il me semble, Monsieur, que vous ne le niez pas... Non, sans doute, je viens encore de dire qu'ils font partie essentielle de notre première convention.

(136) «Mais, si je ne me trompe, me dites-vous,
» vous voulez ajouter pour seconde stipulation que

» la majorité des membres dont se composent ces
» sociétés, peut changer, toutes les fois qu'il lui
» plaît, les clauses du contrat social. Si telle est
» l'assertion où vous proposez d'arriver, etc.... »
Non, Monsieur; je n'admets pas comme une stipulation que l'on puisse, que l'on doive vouloir
introduire, dans l'acte d'association, que la majorité des membres dont se composent ces sociétés puisse changer, toutes les fois qu'il lui plaît,
les clauses du contrat social, puisque j'admets,
au contraire, qu'elle est elle-même régie et sub-
juguée par ces clauses, dont je n'ai encore énoncé
que la première. La majorité est et doit être
esclave, comme les individus, des moyennes proportionnelles qui constituent la nécessité morale
et politique sous l'empire de laquelle nous ne
pouvons pas, nous ne devons pas cesser de vouloir vivre et mourir. La majorité reçoit la loi
qu'elle impose... Telle est la nécessité morale et
politique, celle de la réciprocité et des conventions.

(137) Mais après que l'association politique est
formée, par ce premier engagement très explicite de nos jours, et fort implicite dans les temps
d'ignorance et de barbarie (comme entre les deux
hommes dont nous avons parlé) après quelques
autres stipulations, dont il est fort nécessaire de
convenir d'une manière très explicite de nos jours,
lorsque enfin l'association politique est formée et
organisée par ces premières stipulations, comme
elle peut et doit reconnaître qu'elle a besoin de
déléguer et d'organiser des autorités auxquelles
elle confie le pouvoir de faire respecter et exécuter les lois ou conventions stipulées et reconnues
comme devant servir et concourir au bien général ou *universel* et à la justice envers tous, elle

confie ses pouvoirs tantôt à *un*, tantôt *à plu-*
sieurs.

(138) D'autres fois, elle nomme un législateur
ou une assemblée de représentants pour rédiger
ou arrêter ces clauses et conditions; mais, de sa
nature, le pouvoir législatif, comme le pouvoir
militaire et dictatorial (1), est temporaire et même
toujours, jusqu'à un certain point, conditionnel;
car si le législateur fait de mauvaises lois, si le
général mène ses soldats à la boucherie, si le dic-
tateur est tyran et n'agit pas dans le sens de la
justice et du bien de tous, leur pouvoir est bientôt détruit et renversé par la violence, puisqu'il
n'a pu se maintenir par la justice et par la raison,
et ce même pouvoir cesse de plein droit lorsqu'on
rentre dans les temps ordinaires, à moins que
par la loi constitutionnelle de l'état, on n'en continue l'exercice entre les mêmes mains, avec les
restrictions convenables à l'état de paix... C'est
sur toutes ces stipulations que nous ne sommes pas
encore suffisamment d'accord, probablement
parce que nous ne sommes pas encore assez
éclairés, et que nous ne consultons pas assez
notre raison dans le silence des passions : voilà
pourquoi j'ai établi que le premier problême, à
la solution duquel le publiciste et le législateur
honnête homme doivent donner toute leur attention, est celui de *déterminer* les moyens de maintenir l'association politique sans désordres et sans
injustices...

---

(1) Le pouvoir dictatorial n'a pas même d'action sur les lois,
mais sur les individus; il agit par des ordonnances temporaires et
provisoires qui ne deviennent presque jamais des lois.

(139) IVe. *Proposition de M. de St.-Roman.*

« Un troisième système d'engagement, et
» *le seul que suive la nature* pour la forma-
» tion des corps sociaux, vulgairement appelés
» nations, consiste dans l'acquiescement que
» donne chaque individu, et dans la promesse
» de fidélité qu'il fait à l'autorité protectrice et
» dirigeante qui se présente à lui et qu'il juge
» la plus propre à lui garantir la sûreté de sa
» personne et de ses biens. »

Quant à cette quatrième proposition, qui est celle que vous paraissez avoir adoptée exclusivement et qu'il nous faudra débattre, dites-vous, Monsieur, vous croyez avoir donné la preuve positive de ce système, et vous ajoutez que si je le crois erronné vous me demandez de vouloir bien déduire les raisons par lesquelles je pense que l'on peut parvenir à le renverser, et vous me priez de m'expliquer à son sujet. C'est ce que je crois avoir déjà fait, Monsieur, d'une manière assez péremptoire, en montrant la nature de l'engagement, soit implicite, soit explicite que l'on contracte en devenant membre d'une association politique, et c'est ce que je vais encore faire ici comme vous le desirez...

(140) Quoi! Monsieur, serait-il bien vrai que le seul système que suive la nature soit celui de faire protéger le tout par un seul ? Loin de là, Monsieur, c'est le tout qui protège et défend le ou les pouvoirs constitués, et le ou les pouvoirs constitués ne peuvent ni ne doivent pas protéger les individus; ils ne protègent et surveillent que l'exécution des lois ou conventions par les individus.

L'acquiescement et la promesse de fidélité que donne chaque individu à l'autorité n'est que la conséquence de celui qu'il a déjà donné à la loi qui la constitue, et il ne promet à l'individu que parce qu'il a promis à la loi et parce que l'individu constitué a lui-même promis à la loi.

Mais si cette autorité, que vous voulez rendre très absolue, reconnaît néanmoins des conditions à la soumission des individus, ainsi que vous êtes forcé d'en convenir, pourquoi refuserait-elle de reconnaître et d'admettre ces mêmes conditions, non pas envers chaque individu, mais envers la majorité de la nation de laquelle elle reçut sa force ? Si elle doit protéger les individus, d'après la justice et leur bien particulier, comment refuserait-elle de reconnaître qu'elle doit régir et administrer le tout d'après le bien général et la justice envers tous ? etc.

(141) V^e. *Proposition de M. de St.-Roman.*

« Lorsqu'on ne cherche pas l'origine des na-
» tions dans le développement d'une première
» famille, croissant et multipliant sous l'auto-
» rité paternelle, et lorsqu'on regarde comme
» incompatible avec la dignité et la liberté de
» l'homme de le placer dans la domination d'un
» maître sur des esclaves, il faut nécessairement
» choisir entre les trois systèmes d'engagement
» qui viennent d'être mentionnés ; on ne peut en
» imaginer d'autres. »

Permettez-moi, Monsieur, de vous faire observer que j'ai éliminé avec vous la seconde et la troisième. Je viens de réfuter la quatrième d'après vos propres écrits, et d'après les modifications

que vous êtes vous-même obligé de lui donner :
ce n'est donc pas un pareil système d'engagement qui peut nous conduire au bien général, et
à la justice envers tous : car, en risquant ainsi de
s'en rapporter à la raison ou aux passions de
quelques particuliers, qui n'auraient pas même
préalablement promis de se conformer à une ou
plusieurs règles ou aux principes d'évidence, on
se livre à toutes les chances de l'arbitraire.... ce
ne sont donc pas les engagements des individus
qui sont importants ; ce sont ceux des chefs.

Quant au gouvernement et à l'autorité paternelle, dont il est question dans cette cinquième proposition, je crois m'être suffisamment
expliqué à cet égard, et avoir déjà démontré que
si ce n'est pas dans cette autorité paternelle que
le gouvernement prend sa source, c'est dans le
principe qui lui sert de base, c'est-à-dire dans
l'unité d'intérêt et de justice envers tous et chacun des membres de la famille qui, souvent, n'est
pas régie par le père, lequel meurt ou abandonne
souvent son autorité à l'un des enfants, et cet
enfant directeur n'est pas très souvent l'aîné,
mais celui auquel chacun aime à se rattacher,
parce qu'il régit ou dirige mieux dans le sens de
la justice et du bien de tous ; il est donc élu par
eux, mais d'une manière très implicite.

Les contre-propositions que j'opposerais à ces
quatre dernières, seraient donc :

(142) 1°. *Le seul engagement que puisse former une association politique légitime, est celui
par lequel chacun de ses membres s'oblige envers
tous les autres, et tous les autres envers chacun
d'eux, à concourir de toutes leurs forces, de
tous leurs moyens, chacun en ce qui pourra*

le concerner, au bien général et à la justice envers tous.....

(143) 2°. Tout engagement par lequel un individu s'obligerait, envers et contre tous, à la soumission absolue à l'égard d'un autre individu, qu'il appellerait son dieu, son roi, son protecteur ou son sauveur, ressemblerait à un complot de brigands, * *plutôt qu'à une association légitime, quand même ce dieu, ce roi, ce protecteur, ce sauveur aurait promis de n'employer son secours et son intervention que pour le bien de ce protégé et la justice; car rien ne garantit le protégé, ou l'esclave, contre les aberrations et les passions de ce maître ou protecteur ... etc., etc.*

(144) 3°. Un engagement de cette nature, entre plusieurs, à l'égard d'un chef, en fait un condotierre, mais non un prince légitime, etc., etc... Mais laissons cela pour en venir à vos observations sur les trois propositions que je crois avoir assez bien établies jusqu'ici, par vos propres écrits, Monsieur, comme par les miens.

Vous observez, relativement à la première, qu'il est impossible de maintenir une société sans *pouvoirs....* Je ne vous conteste pas ceci, Monsieur, et je n'ai jamais dit le contraire..... pourvu, ce que je ne crois pas que vous puissiez me contester non plus, *qu'il soit convenu,* ce qui est chose reconnue et jugée dans nos deux systèmes, que le pouvoir, ou les pouvoirs, respecteront les conditions ou conventions, en vertu desquelles et par lesquelles ils règnent...

(*) Voyez note (*b*), page 8.

Je vous ai, de plus, accordé, que ce n'est pas la majorité qui doit exercer ces pouvoirs; qu'elle en délègue nécessairement l'exercice, bien entendu que celui ou ceux auxquels elle les délègue, reconnaissent qu'ils les tiennent d'elle, et à la condition de respecter toujours *sa première loi, sa première convention* et de poursuivre son premier but.....

Par conséquent la majorité ne peut rien vouloir détruire ni refaire, que quand les bases fondamentales de ces engagements et de l'association politique ont été violées, auquel cas, il faut absolument que cette majorité intervienne d'une manière efficace dans ses propres affaires, que des mandataires ignorants ou infidèles auraient gâtées; qu'elle délègue alors ses pouvoirs à d'autres qui en reconnaîtront franchement l'origine et en exécuteront les clauses et conditions... car elle seule (32) *, la majorité, peut être garante et conservatrice des droits de tous...

(145) Quant à ma seconde proposition, vous l'accordez à condition que le mot *général* sera converti en celui d'*universel*. Accordé....

Car comment voudriez-vous supposer, Monsieur, que je prétende excepter une minorité? Ce sont elles, malheureusement, ce sont ces minorités qui s'exceptent elles-mêmes... Tous les maux des nations sont toujours venus de quelques individus... c'est contre les minorités, exceptionnelles par système, qui se séparent toujours, qui veulent toujours asservir les aînés ou les cadets, comme vous voudrez, de la grande famille, que la famille et les pouvoirs qui veillent à sa sûreté

(*) Voyez note *, page 7.

doivent toujours être en garde. Heureusement
que l'on peut considérer ces minorités comme
des enfants raisonneurs et mutins que l'on a
quelquefois bien de la peine à ramener à leurs
devoirs, et envers lesquels on est malheureusement obligé de sévir quelquefois. Les familles en
contiennent souvent de semblables; ordinaire-
ment ils sont en petit nombre; mais quand, par
malheur, ils sont en trop grand nombre, la famille tombe immédiatement en dissolution ou
dans l'asservissement. ...

(146) Toute la différence dans la manière dont
nous concevons l'association politique, consiste
donc, non pas dans le défaut d'engagement, mais
dans la nature de l'engagement et dans celui envers qui on contracte... Mais toutes les fois que,
par l'effet d'une conspiration plus ou moins habi-
lement ménagée, d'une minorité toujours en insurrection ou prête à s'insurger, ou de la part
d'un individu (comme César à Rome) (1), un
ou plusieurs viennent à bout d'asservir la majorité, il n'y a plus de pacte, la violence seule
règne..... Or la conquête et la violence ne font
jamais droit....

(147) Ainsi la souveraineté du peuple, dans
mon système, se déduit, non seulement de ce que
c'est en *son nom*, *par lui* et *pour lui* que l'on
gouverne, mais encore de ce que c'est envers lui

---

(1) Marius et Sylla avaient préludé au règne de César en met-
tant à jour l'horrible division des intérêts qui dévorait lentement la
république, lorsqu'ils se mirent chacun à la tête d'une faction, et
dominaient par elle et pour elle..... César fut assez habile pour les
asservir toutes les deux, et constituer l'unité de pouvoir avec lequel l'état périt, parce qu'il n'avait point l'unité d'intérêt pour
base, et qu'il n'avait pas reçu la loi..... ni promis de lui obéir.

que l'on contracte, envers lui que le prince lui-même s'engage ; car lui seul, le peuple ou la majorité, veut et poursuit invariablement, et sans cesse, le bien général et la justice envers tous, n'a que cette seule volonté, ce seul besoin, cette seule passion ;.... il veut ou croit sincèrement les poursuivre, lors même qu'on l'égare..... Ce n'est donc pas parce qu'il est le plus fort, mais c'est parce qu'il a le plus de motifs pour aimer la justice et la faire respecter, parce qu'il est seul garant des droits de tous, que le législateur homme de bien, reconnaît sa souveraineté.....*

(148) Vous observez, sur ma troisième proposition, que votre principe d'évidence est qu'il n'y a point de société quelconque, ni par conséquent de société politique, sans engagement ; ce que je vous ai accordé, comme nous venons de voir;

(149) Que toute société a un but... Accordé. Ce but de la société politique est la sûreté des personnes et des propriétés comme l'accroissement du bien-être de tous, et même de quelque individu que ce soit, pourvu que l'avantage qu'il se procure ne soit pas au détriment de ce que les autres possèdent.....

(150) Vous terminez en disant : « Et s'il se trouve » enfin que la souveraineté du peuple soit le plus » grand obstacle à cette sûreté, à ce bien-être et à » ces avantages, c'est-à-dire, à tout ce qui peut » servir de but à cette société, je prouve rigou- » reusement, ce me semble, qu'on ne doit pas

---

(*) Voyez note*, page 10. La question n'est pas de savoir ce que doit reconnaître ou dire un législateur honnête homme ; mais ce qui existe par la nature des choses, sans qu'il soit besoin de législateur ou avant qu'il y ait de législateur... On verra après.

» l'admettre comme la condition absolue, *sine* » *quâ non*, des engagements que l'on doit con- » tracter pour former un corps de nation..... » Accordé à charge de ces preuves... Comme il devra m'être accordé aussi que si je prouve rigoureusement, comme je crois l'avoir fait ci-dessus, et dans mes considérations, *que toute organisation d'une minorité* est le plus grand obstacle que l'on puisse apporter à la justice, à la sécurité et au bien de tous, dans une association politique, j'aurai suffisamment prouvé qu'il faut absolument détruire une pareille institution, car elle divise le pouvoir et les intérêts. Elle a été, elle est, et elle sera constamment la source de tous nos maux si l'on s'obstine à la conserver et à la maintenir contre *tout droit*, *toute justice et toute équité*.

(151) Maintenant nous voilà d'accord sur quatre grands principes d'évidence, mes trois propositions sainement entendues, comme vous le voulez, Monsieur, et votre principe qu'il n'y a point de société sans engagement. Je crois avoir prouvé que les engagements pour maintenir la société sans désordre et sans injustice ne pouvaient avoir lieu de la part des individus qu'envers la majorité; si vous croyez pouvoir soutenir le contraire, Monsieur, ce sera là notre véritable point de divergence..... J'attendrai les preuves du contraire de cette proposition, comme celles que vous pourrez vouloir me donner pour établir que l'organisation des minorités constituées par la division du pouvoir et des intérêts, ne constitue pas la cruelle et l'absurde démocratie avec tous ses vices et tous ses troubles, ne donne pas

l'orgueil et l'avarice pour ressort aux gouvernements (1), etc., etc.

(152) Permettez-moi, Monsieur, de vous faire
observer qu'une de vos méprises les plus constan-
tes, c'est de confondre le pouvoir démocratique
avec la souveraineté du peuple : mais il n'y a pas de
démocratie, là où il n'y a pas d'aristocratie (33).*
Voilà pourquoi il importe tant au meilleur ordre
de choses, et au législateur honnête homme, de
détruire jusqu'à l'idée d'aristocratie comme de
démocratie, pour lui substituer celle de la nécessité de l'unité de pouvoir par l'unité d'intérêts...

(153) La promesse que l'on fait n'est pas de rester uni quelles que soient les délibérations que
l'on puisse prendre, mais tant que l'on prendra
des délibérations conformes au bien général et
à la justice envers tous.

(154) Page 9 de vos dernières observations, vous
dites, Monsieur : « Un engagement beaucoup plus
raisonnable, suivant moi, serait celui où, tout

---

(1) Ecoutez, à cet égard, un homme dont on a dit peut-être
mal-à-propos que le cœur était aussi corrompu que l'esprit;
il vous dira : « Le peuple qui inventa l'honneur, enta toutes
» les vertus sur l'orgueil, et leur donna une base immort-
» telle; » une base immortelle sans doute, mais enter des vertus sur l'orgueil, voilà assurément une grossière erreur, si ce n'est
pas un mensonge éhonté; car assurément ce ne sont pas des vertus
que l'on peut enter sur l'orgueil; je vois bien ici la preuve d'un
esprit faux qui se laisse séduire par le clinquant du bel esprit:
cela ne prouve pas un cœur corrompu, mais le mal est de répéter
avec faste une pareille sottise. (*Correspondance des émigrés*,
lettre de Calonne, du 8 août, citée n°. 73 ou 74 du *Conserva-
teur*.)

(*) Voyez la note (*), pag. 7.

en desirant de se réunir pour former une force commune de toutes les forces individuelles, on établirait pour condition de l'association, une base de direction et de commandement. »

Personne, Monsieur, n'a jamais dit le contraire : cette condition serait un véritable contrat de société ; il ne lierait que ceux qui y auraient aquiescé, et le plus grand nombre n'aurait aucun droit à imposer à ceux qui voudraient lui demeurer étranger : c'est ainsi que nous l'avons toujours entendu ; nous ajouterons même avec vous, Monsieur, la faculté à tout individu d'y renoncer, même après l'avoir accepté, dans les temps ordinaires (34) * lorsqu'il croit que l'on a violé la loi fondamentale à son égard... Ici c'est la nécessité de suivre servilement et à jamais la volonté de la multitude...... On n'a jamais pensé ainsi ; car on a, au contraire, toujours entendu que la puissance, *non de la multitude*, mais de la majorité organisée, *après* l'acceptation des lois et règlements qui l'organisent, consiste dans la délégation des pouvoirs qui doivent maintenir cette organisation sociale légitime (35) *, le bien général et la justice envers tous.... Mais cette délégation n'est pas la première, ni même la seconde ou troisième stipulation qui doivent trouver place dans l'acte social ; c'est celle dont nous avons parlé jusqu'ici, puis celles qui stipulent et organisent les droits de la majorité, sinon de l'universalité des citoyens, et enfin celles qui organisent et délèguent les pouvoirs.

(*) Voyez la note (*), page 7.

(155) Au contraire on peut stipuler dans le pacte de la société, qu'elle (la multitude) ne fera jamais la loi de personne..... La multitude, Monsieur, ou sa majorité, surtout organisée, n'a aucune action sur les personnes.... il n'y a que la loi, etc. Ainsi vous voyez, Monsieur, que les dissentiments naissent le plus souvent de malentendus..... Entendons-nous donc bien..... Voilà pourquoi je dirai toujours, *il faut que tout ceci finisse par le raisonnement....* et nous ne devons pas cesser de le répéter.

(156) Ce que je viens de dire, va nous paraître encore mieux démontré, par ce que vous ajoutez, Monsieur, pag. 14. Néanmoins j'en fais itérativement la remarque : « *on peut,* dans un acte de société, faire entrer tout ce qu'on veut, et l'engagement qui lie un rassemblement en corps de nation, *peut,* comme tous les autres actes humains, répondre d'une manière plus ou moins satisfaisante ou plus ou moins imparfaite au but que l'on *veut atteindre* »... Voilà précisément où j'en voulais venir, et vous m'aidez ici à épurer ma pensée..... Le publiciste et le législateur honnêtes gens n'ont donc à s'occuper, dans le silence des passions et dans la droiture de leur raison, que de la recherche et de la détermination des meilleures stipulations.

(157) Nous voilà d'accord sur un assez grand nombre de points, pour que je termine cet exposé de nos deux systèmes et des principes généraux d'après lesquels nous aurons à continuer cette discussion, par quelques réflexions encore sur votre premier Mémoire, imprimé dans la XIIIe. livraison du *Mercure royal*, sur lequel je vais revenir en aussi peu de mots que possible.

(158) D'après la page 305 de cet écrit, je con-

sens à croire que vous et vos amis, Monsieur, vous voulez l'ordre et la Charte ; mais la Charte interprétée à votre manière, c'est-à-dire *aristocratiquement.*

(159) Page 306. Appelez-vous *systèmes populaires*, la prédominence des intérêts généraux..... ou l'organisation de la majorité, et par conséquent de la stabilité (car il n'y a de stabilité que là où la majorité est organisée et où elle a lieu d'être contente de son sort)... Or, elle n'a pas lieu d'être contente de son sort, là où elle n'est comptée ni pesée pour rien que pour l'impôt.....

(160) Vous voulez établir sur l'autorité d'un chef votre despotisme conditionnel ou constitutionnel..... Mais qui est-ce qui l'a fait chef, au moment du péril, n'est-ce pas l'élection? et cette élection n'est-elle pas toujours aussi implicitement conditionnelle que votre adhésion, ou soumission individuelle ? Si ce n'est pas l'élection qui l'a fait chef, c'est la conspiration..... car le *consensus* qui subordonne les enfants d'une famille ou d'une peuplade à l'ascendant d'un frère, ou d'une sœur, n'est qu'une élection implicite, suite nécessaire de tout concours à un but commun, le bien et la conservation des individus.... Ensuite la justice envers tous....

(161) *Un prince protecteur de tous*, répétez-vous sans cesse ; mais, Monsieur, il n'appartient qu'à la loi ou aux conventions de protéger... Le moindre chef d'atelier qui exerce avec fruit son industrie, se révolte à l'idée de protection. La protection n'est pas la justice, et il ne demande que la justice, la réciprocité et les procédés.... Renonçons donc à ces locutions aristocratiques qui soulèvent les esprits et les cœurs pleins de droiture et de fermeté, dès-lors une nation ne pourra

plus être considérée (pag. 309) comme une *collection d'hommes vivants sous une même autorité protectrice*, etc., mais elle devra l'être comme une collection d'hommes régis par *les mêmes lois* ou *par les mêmes conventions* (lois et conventions sont pour moi synonymes, et les lois ne sont et ne peuvent être que des conventions explicites), par un même intérêt qu'ils ont promis de respecter toujours....

(162) L'autorité d'un chef (militaire surtout) étant de sa nature nécessairement temporaire, l'origine des nations ne peut pas tenir à ce chef militaire ; car il fallait que la nation existât avant d'avoir un chef, pag. 309.

(163) Sans doute que c'est l'intérêt de commune conservation qui a réuni les hommes, comme les familles et les peuplades, et qui les a engagés à contracter des engagements au sujet desquels ils ont long-temps ignoré les meilleures stipulations, puisqu'ils les ignorent encore aujourd'hui (36) *, et que les droits sont partout mal définis et mal déterminés ; mais il ne suit pas de là que lorsqu'ils se sont réunis, çà été pour faire la guerre, car pour faire la guerre il faut supposer deux peuples ou peuplades existantes avant de se faire la guerre, et qui jusqu'alors n'avaient pas de chefs, au moins militaires.... Les engagements ont donc nécessairement commencé par la réciprocité et les procédés dans les familles ou peuplades, etc., etc. L'obéissance passive n'est venue que fort tard après la puissance militaire. (Et à notre 10e. période de la civilisation qui a constitué le siècle de fer.)

(*) Voyez note (*), page 7.

(164) Vous parlez, Monsieur, page 310 ou ailleurs, des républiques nées de conspirations; mais, Monsieur, ne sont-ce pas bien plutôt les monarchies qui sont nées des conspirations et des usurpations, ou des abus de confiance et de pouvoir, comme les Médicis à Florence, etc., etc.; abandonnons donc sur cet objet la carrière des faits historiques qui vous serait infiniment contraire (1); car ici le fait ne prouve rien contre le droit, et tout nous prouve que l'homme, conduit par ses passions et ses besoins, une fois abandonné à leur direction et à son ignorance native, ne revient que difficilement, ainsi que nous le voyons de nos jours, à la rectitude originelle de ses idées.

(165) Je ne vois dans l'histoire que des chefs de parti plus ou moins heureux, ou plus ou moins habiles, et deux ou trois législateurs au plus, Minos, Licurgue et Servius Tullius. Devons-nous abandonner pour cela l'association politique aux hasards de l'habileté ou de l'ignorance, de la prudence ou de la férocité de ses chefs ?...

(166) Quoi le mot, *commandez-nous,* serait très différent de celui, nous vous nommons, nous vous élisons! ce mot ne renfermerait pas aussi les conditions implicites auxquelles nous vous obéirons! On ne peut pas sortir de là, Monsieur, telle est la nécessité morale comme politique, et la confiance que peuvent inspirer la valeur et l'habileté d'un

---

(1) Même en France, car lorsque la république des Francs conquit les Gaules, elle élisait ses chefs, et c'est par la conspiration de ces chefs et de leurs affidés que cette élection s'est convertie en monarchie fort tardivement héréditaire, et le mot *in consilio fidelium,* ne signifie autre chose que cet état habituel de conspiration.

chef, est toujours subordonnée à celle qu'inspire
sa raison et sa justice.

(167) Page 312. Vous insistez sur l'origine des
nations: j'ai moi-même beaucoup insisté sur cette
matière, ici et dans mes Considérations; mais en
me gardant, autant que je l'ai pu, de prendre les
faits pour le droit... Qui donc a pu vous nier,
Monsieur, que les nations ne soient liées par des
engagements, sinon très explicites comme on
doit le désirer, au moins implicites, par la réciprocité et les procédés, qui ne sont que des conventions implicites?

(168) Page 313. Quoi, Monsieur, les Américains
vous paraissent dans des idées vagues qui ne leur
permettent pas de déterminer à quels pouvoirs ils
doivent définitivement obéissance!.... Les lois du
congrès ne sont-elles donc plus observées en Amé-
rique? Mais quand même quelques états croi-
raient devoir se séparer de la fédération pour se
créer un centre d'action plus rapproché, mieux
adapté à leurs localités, croyez-vous pour cela,
Monsieur, que les Américains seraient dans de
vagues idées? Eh! que diraient-ils donc, Monsieur,
de nos intentions et de nos interprétations monarchiques que l'on ne définit jamais!...

(169) Page 314. Je crois avoir précisé le principe
d'évidence au-dessus des atteintes de la majorité,
de celles du prince, comme de toutes les minorités
possibles. Mais jamais les majorités ne pensent à
se soustraire à sa vaste et dominatrice influence,
parce qu'elles aiment l'ordre, la justice et la paix;
il n'y a jamais que les minorités qui cherchent à
en éluder les conséquences immédiates et légitimes, parce qu'elles sont toujours mues par des
vues personnelles et qu'elles veulent les excep-

tions, les troubles et le désordre... ou l'ordre dans l'asservissement.

(170) Page 315. On voit en effet combien il a fallu de temps pour que l'homme acquît des idées nettes et précises sur la meilleure organisation sociale et sur les meilleures stipulations auxquelles nous ne sommes même pas encore parvenus..... Car je vois d'ici des gens qui s'apprêtent à me disputer le principe d'évidence que vous m'avez accordé par votre mémoire du 15 mai. (Voyez à cet égard, page 336 du *Mercure royal*, un certain N°. 3, fort peu convenable sous tous les rapports.) (*a*).

Je m'étonne toujours du peu d'efforts que l'on a faits pendant cette révolution pour ramener l'association politique à cette précieuse unité d'intérêts des familles (37) * et des peuplades primitives, qui a constitué l'âge d'or, ainsi que je l'ai démontré... unité sans laquelle les Grecs ne concevaient pas la possibilité d'organiser une cité... Servius Tullius a cherché à réparer, autant qu'il a pu, le mal qu'avait fait l'institution de Romulus, en forçant les sénateurs à voter dans leurs tribus, et comme les autres citoyens, ce qui conserva pendant quelques siècles, à Rome, une apparence d'unité d'intérêts, tant que le sénat mit quelque mesure à ses prétentions et à ses envahissements (38). *

(*a*) L'éditeur, qui s'est ménagé, par ses numéros semés dans le texte, les moyens de revenir sur certains passages auxquels M. de Saint-Roman croirait ne pas devoir s'arrêter, a annoncé, dans le *Mercure royal*, que ces jalons qu'il laisse sur sa route appelleront, s'il y a lieu, tantôt sa critique, et tantôt son approbation. M. Masuyer, non plus que ses lecteurs, ne doivent pas perdre de vue cette déclaration.

(*) *Voyez* note (*), page 7.

(171) Quoi qu'il en soit, il est bien évident que la faiblesse des efforts que l'on a faits de nos jours à cet égard est entièrement due aux préjugés nés de la conquête, de la féodalité, et du principe de Montesquieu que vous avez si heureusement réfuté, Monsieur. Je vois que c'est par une *aberration* de votre attention que vous soutenez des idées qui me paraissent en contradiction avec cette réfutation, et cela me paraît être une suite de vos habitudes et de vos préjugés de protection, dont je ne prétends pas vous faire un reproche, Monsieur, si ce n'est comme d'une erreur, mais je n'entreprendrai pas de les justifier...

(172) Page 321. Sans doute il nous faut des raisons et des moyens de stabilité ; mais il est démontré qu'il n'y en a que dans le grand intérêt que les majorités des nations trouvent au maintien de la constitution et des lois... Les hommes n'obéissent avec joie qu'aux lois ou conventions qu'ils ont faites ou qu'ils ont consenties de leur plein gré avec connaissance de cause et d'effet, ou à raison de la confiance qu'ils accordent à ceux qui les ont faites, surtout lorsqu'ils ont été délégués à cet effet par eux ou les leurs, et qu'ils sont convaincus qu'elles n'ont été faites que dans le plus grand intérêt du bien général et de la justice envers tous.

(173) Page 323. Les engagements, de leur nature, n'étant que conditionnels, dès que la condition principale n'est pas remplie, dès que l'on n'atteint pas son but, l'engagement cesse de plein droit..... Voilà pourquoi j'ai laissé tant de latitude aux renonciations individuelles ou de ceux qui, se croyant lésés par de nouvelles lois ou conventions, peuvent vouloir renoncer à une association dont ils ont ou croyent avoir à se plaindre, surtout dans

des temps ordinaires. Mais dans les temps de trouble et de désordre, je trouve que cette renonciation, sur le droit de laquelle je ne prononce pas en ce moment, est une désertion à l'ennemi (39) * , et par conséquent une lâcheté.

(174) Loin que ce soit le prince qui protège la nation, c'est la nation qui protège le prince, qu'il soit un, comme à Paris, ou *plusieurs*, comme à Lacédémone ou à Rome.

(175) Vous ne voyez rien de stable dans le système de l'élection jusqu'au trône : eh bien, Monsieur, qui vous empêche de présenter l'hérédité comme une meilleure stipulation! La discussion ne sera probablement ni longue, ni difficile à ce sujet : mais, dans tout ceci, ce n'est véritablement pas de royauté dont il est question, mais d'aristocratie et de division des intérêts...

(176) Page 325. Le peuple ne devient un assemblage de factions que quand on est parvenu à y faire pénétrer la division des intérêts, et c'est toujours par l'aristocratie qu'elle y pénètre... jamais par la royauté, si ce n'est par la royauté mal avisée et complice de l'aristocratie.

Mais on n'a point attaqué l'hérédité en France, on l'a au contraire maintenue et confirmée par la constitution de 1791.... Dieu sait par qui cette constitution a été détruite! J'ai prouvé que ce n'était pas par la république; d'autres ont prouvé que c'était pour et par l'aristocratie : l'erreur n'a pas été du côté des républicains, mais la perversité a été du côté de l'aristocratie. On s'est accroché à la république comme à l'ancre de salut.... *res publica...*

(*) *Voyez* note (*), page 7.

(177) **Page 331.** L'habitude des pensées et des sentiments généreux m'est trop familière pour que je prétende la disputer à quelques aristocrates: j'ai été mutilé par la révolution ; cependant vous voyez que je vis encore pour la justice et la vérité... Si l'aristocratie a montré quelques sentiments généreux dans cette révolution , c'est principalement dans sa minorité dissidente qu'ils se sont rencontrés.

(178) Quelle était d'ailleurs la paroisse qui n'eut rien à revendiquer sur ses seigneurs, etc. ? Mais laissons toutes ces questions de détail pour éviter toutes les récriminations, toutes les personnalités, et pour nous maintenir dans les hautes régions du droit naturel, dans lesquelles doivent se décider les questions que nous agitons... Je l'ai déjà dit, il n'appartient qu'à la loi ou aux conventions de protéger ; je n'ai vanté nulle part le pouvoir *démocratique*, je l'ai *autant en horreur que l'aristocratie*... Il n'est pas exact d'ailleurs de dire qu'on lui a ôté, de nos jours, tout frein moral et religieux... C'est, au contraire, l'aristocratie qui gâte tout ce qu'elle touche et ce qu'elle veut convertir à son usage, qui a terni la royauté parmi vous, en voulant s'en faire un bouclier, et la religion, en voulant en faire un moyen de police... Mais tout cela tombe dans la déclamation... Ne parlons plus que de respect pour les engagements.

(179) Je ne veux pas de la démocratie pour sauve-garde, pas plus que pour autre chose... Mais établissons dans le droit public les formes d'après lesquelles le prince ne pourra pas abuser de sa tutelle envers les nations ; car vous savez, Monsieur, que les nations sont toujours mineures,

voilà pourquoi les procès entre ceux qui veulent s'emparer de leur tutelle ne finissent jamais...

(180) Il ne faut pas en effet opposer des hommes aux passions injustes des princes, mais *des lois et des institutions; des conventions,* surtout, que les princes eux-mêmes devront respecter : car, *là où il n'y a pas une force qui ait l'intérêt général pour but, il ne peut y avoir ni contrats, ni stipulations respectées.*

Et là où rien ne retient le prince, ou la puissance, rien ne les protège.

(181) Page 333. Ce n'est pas à la souveraineté du peuple, qui est une vérité de précision analytique, que sont attachés les bouleversements ; c'est à la division des intérêts qui s'établit si souvent dans son sein, quand il n'y a pas unité de pouvoir et unité d'intérêts, ainsi que je l'ai démontré jusqu'ici...

(182) L'élection, dans la plupart des circonstances, est véritablement raisonnable et légitime, et nous avons vu qu'elle a lieu d'une manière implicite jusque dans le sein même des familles ; mais s'il faut accorder au prince une grande latitude dans le choix de ses agens responsables, il faut la restreindre absolument dans le choix de ses conseils...

(183) Quelque disposé que je sois à vous accorder, Monsieur, que peu importe à qui soient les places, je vois un énorme, un épouvantable abus à ce qu'elles appartiennent à quelques-uns par droit de succession ; car dès-lors, 1°, ils ne font plus d'efforts pour s'en rendre dignes..... 2°. cela étouffe toute émulation, tout esprit public, et convertit tout en vues personnelles, en orgueil, avarice, etc., etc....

» (184) Si l'ordre public, dites-vous encore
» p. 336, exige qu'une place soit occupée par un
» individu plutôt que par un autre ; comme la sû-
» reté de chacun exige que cet ordre subsiste, il
» faut que celui qui aurait des prétentions con-
» traires prenne sur lui d'y renoncer : *on ne lui*
» *enlève rien de ce qu'il a, on le borne dans*
» *ce qu'il voudrait avoir, et que cependant il*
» *ne peut obtenir sans nuire aux autres..... »*

Voilà précisément ce que disent les libéraux,
relativement aux places que l'aristocratie prétend
occuper exclusivement, comme les hautes administrations, les tribunaux, et les grades à
l'armée : véritable et excellent moyen d'avoir
des administrations spoliatrices, d'empêcher que
les dépenses puissent jamais diminuer, et de
rendre, au contraire, inévitable qu'elles s'accrois-
sent toujours... d'avoir des tribunaux essentiellement partiaux, comme l'étaient devenus les
parlements, et une armée mercenaire... tandis
que toute la législation doit tendre à obtenir le
contraire, mais surtout une armée essentiellement nationale et disciplinée comme elle était à
Sparte, ce que je me chargerais de vous donner
avant trois ans, quoique le vice des armées gau-
loises comme françaises ait toujours été le défaut
de discipline. Mais nous anticipons sur l'ordre de
nos matières.

(185) Page 337. La vanité des prétentions est
aussi absurde, aussi ridicule dans la démocratie
que dans l'aristocratie ; mais, encore une fois, il
ne faut ni aristocratie ni démocratie....

(186) Page 338. Eh ! sans doute, Monsieur ! «la
justice et le bien général ordonnent de pourvoir à
la préservation de tous avant de satisfaire à l'am-

bition de quelques-uns... » Mais de quel côté est l'ambition ?.... de ceux qui veulent dominer par la prérogative, comme vous ne prenez plus la peine de le dissimuler ici, ou de ceux qui veulent être régis par *l'égalité devant la loi, comme devant Dieu* ?

(187) Nous sommes d'accord sur les engagemens, Monsieur: mais les prétendus engagemens contractés avant la révolution étaient-ils de nature à remplir le but de l'association politique? Etaient-ils conformes à sa première loi, à sa première condition?... L'ordre de choses établi, pouvait-il atteindre son premier but?... Ou étaient-ils bien les résultats des temps de conquête et d'usurpation ou d'ignorance et de barbarie?

(188) Peut-on laisser subsister, dans l'association politique, des conventions contraires au bien général et à la justice envers tous? Ceux qui prétendent les maintenir sont-ils exempts de culpabilité, lors même que les nouvelles stipulations seraient contraires à leurs intérêts bien ou mal entendus?....

Voilà, Monsieur, quelques questions sur lesquelles je vous prie de répondre et sur lesquelles je vous prends pour juge ; car il n'y a pas de meilleure position, pour le bon droit, que d'avoir affaire à une partie intègre, juge dans sa propre cause (39). *

(189) Cet ordre de choses n'était-il donc pas essentiellement vicieux, non par la faute des rois de France, qui avaient constamment travaillé à y remédier, depuis l'abbé Suger et Charles V.... mais par la faute de nos lois, de nos institutions

---

(*) Voyez la note (*), page 7.

*

de barbares, dans lesquelles on veut violemment nous reporter, ce qui voue les novateurs à rebours de nos jours à la haine du siècle et au mépris des siècles à venir...

(190) En y réfléchissant, vous sentirez vivement en effet, Monsieur, que :

L'on ne peut pas confier aux minorités la garantie des droits des majorités.....

Que les majorités seules peuvent être garantes des droits de tous: mais il faut, pour cela, que ces majorités soient organisées, et que leurs droits soient bien clairement déterminés et reconnus....

(181) Quant à vos théorèmes, Monsieur, « l'homme, dites-vous page 339, doit être considéré » comme placé entre deux extrémités funestes » pour sa liberté : l'une qui l'opprime à chaque » instant, *l'anarchie;* l'autre qui ne lui en laisse » qu'un exercice précaire et dépendant, la sou- » mission au pouvoir arbitraire.... ! »

Voilà, Monsieur, comme vous êtes forcé, par votre système, d'aller toujours d'extrémités en extrémités : *ce n'est pas la faute de votre esprit,* c'est le vice de la thèse que vous avez entreprise de défendre qui vous y force.

(192) J'ai prouvé que l'anarchie dépendait de trois causes : 1°. de la division du pouvoir et des intérêts; c'est celle où nous nous trouvons, et qui nous dévore, depuis le commencement de la révolution... 2°. Du pouvoir arbitraire, où plusieurs commandent et oppriment au nom du prince. 3°. D'une démagogie effrénée, où tout le monde veut commander et opprimer au nom du peuple; comme celle que nous avons eue pendant environ deux ou trois ans.... Je crois avoir démontré comment on peut éviter ces extrémités, car la moyenne

proportionnelle de la division des intérêts comme du pouvoir, c'est l'unité qu'il faut atteindre.

(193) Page 340. La force qui divise pour régner, Monsieur, ou qui règne en divisant, ne règne que par l'iniquité ; mais la force qui réunit pour régner, règne nécessairement par la justice... car c'est la justice et l'amour qui réunissent, et c'est l'injustice et les haines qu'elle traîne avec elle qui divisent.

(194) J'ai déjà suffisamment insisté sur votre théorème, page 341, que c'est le gouvernement qui fonde la société. Il lui donne l'impulsion, si vous le voulez, Monsieur, ou il conserve l'association, mais il ne la fonde pas.

(196) La soumission commune à un principe d'évidence, le concours à un but commun, l'ordre, la paix et le bien de tous... voilà, Monsieur, ce qui fonde la société et la fonde sur une base inébranlable... voilà la pensée qui met en action nos qualités, nos vertus sociales; comme la pensée contraire met en action nos penchants, nos vices anti-sociaux, qui sont toujours prêts à se changer en passions effrénées....

Les engagements des citoyens envers le prince n'ont donc lieu que secondairement et par suite de ceux qu'ils ont pris envers le but commun auquel ils aiment à concourir, comme par suite de ceux que le prince lui-même a contractés à cet égard.... *tu chercheras le mieux et le meilleur,* telle est la grande loi de la gravitation morale...; elle constitue la nécessité morale et politique, et toutes ses conséquences qu'il nous importe tant de déterminer d'une manière claire, précise et très explicite...

(196) Page 441. Il y avait en effet vice et violation dans ces engagements avant la révolution.

J'ai tâché de mettre à jour l'idée-mère de laquelle doivent sortir tous les embranchements dans les sciences morales et politiques, comme dans les sciences naturelles. (V. pag. 125 du 1er. vol., précis d'un Cours de Chimie, mon nouveau Tableau encyclopédique.)

(197) Vous avez cherché à prévenir quelques-unes de mes objections, Monsieur ; mais vous n'avez pas prévu que nous serions d'accord sur un aussi grand nombre de points fondamentaux, comme votre réfutation de Montesquieu, et je dois dire ici, que c'est vous, Monsieur, qui m'avez aidé à mieux définir mon système, que j'avais présenté jusqu'ici comme celui des moyennes proportionnelles ou de la nécessité morale et politique ; mais je crois aujourd'hui qu'il vaut mieux le présenter comme celui de la nécessité de l'unité de pouvoir, par l'unité d'intérêts....

Nous avons déjà tant de points communs, que je suis persuadé, Monsieur, que, dans votre réponse à ce mémoire, nous nous rapprocherons encore davantage...

(198) Du reste, je conclus de tout ceci, que, dans l'état actuel des choses en Europe, nous ne pouvons sortir de l'anarchie où elle est plongée (1), que par l'unité de pouvoir basée sur l'unité d'intérêts.

On ne peut parvenir à l'une que par l'autre.

Supprimez les causes de division, et vous n'aurez plus de trouble.

Si vous ne supprimez pas l'aristocratie, vous aurez toujours devant les yeux cet horrible épou-

---

(1) Les arrestations arbitraires auxquelles la Prusse a eu recours, sont une véritable anarchie.

vantail de la démocratie... que dis-je ! de la démagogie.....

(199) On ne peut pas terminer la révolution
avec les mêmes éléments qui l'ont amenée... (41)*

Laissons agir l'influence d'une aristocratie
comme d'une oligarchie flottante, mais montrons
tous les dangers de leur organisation constitutionnelle, et empêchons qu'il n'y ait une démocratie constituée, ce à quoi nous ne parviendrons
qu'en supprimant l'aristocratie de droit, et en
faisant entrer la majorité dans la cité avec des
droits bien définis, bien déterminés, car il n'y a
rien de pire dans un état que des droits mal définis, mal déterminés... (42)* La révision de la
Charte pour une époque fixée serait d'un avantage inappréciable.

(200) La grande erreur du siècle est de croire
que l'on puisse obtenir l'égalité des droits et l'unité
de pouvoir avec la division des intérêts... Rien ne
prouve mieux la faiblesse de l'intelligence humaine, que le peu d'effort que l'on a fait de nos
jours pour sortir de cette fatale ornière de l'aristocratie et de la démocratie....

Cependant, tant que l'on conservera une aristocratie et par conséquent une démocratie, les
princes ni les peuples ne pourront obtenir ni sécurité, ni stabilité, ni bonheur... *Ecce vox cla-
mantis in deserto....* ; ou, ce qui est bien pire, la
voix errante sur cette mer orageuse des passions
politiques prêtes à nous engloutir.

Veuillez bien adopter ou réfuter ces conclu-

(*) Voyez la note (*), page 7.

sions, et agréer, Monsieur, l'assurance de la sincère et parfaite considération avec laquelle je suis,

Votre très humble et obéissant serviteur,

MASUYER.

Strasbourg, le 23 mai 1820.

P. S. J'ai concouru avec vous, Monsieur, pour détruire l'erreur des équilibristes, veuillez bien concourir avec moi pour détruire l'erreur de ceux qui croient ou qui feignent de croire que l'aristocratie est nécessaire à la stabilité du trône, tandis, au contraire, que c'est la monarchie, même absolue, qui est le seul remède aux maux d'un pays dont l'aristocratie s'est emparée. Un prince peut être un homme juste, équitable, quelquefois même aussi un aristocrate ; mais l'aristocratie !... jamais...

Les cœurs généreux se lassent de l'oppression qu'ils peuvent exercer : l'aristocratie !... jamais... car l'homme ne sait pas s'arrêter dans le chemin de l'injustice.... et on le détourne si facilement de celui de la justice !... *Crimen in vitium flectit.*

AVIS,

La réponse de M. le comte de Saint-Roman sera insérée, par fractions, dans plusieurs livraisons consécutives du *Mercure royal*. Le noble pair s'en occupe, au moment même où il publie la lettre de son adversaire, et il est à la veille de terminer son travail, qui sera plus étendu qu'il ne l'avait pensé d'abord.

Le désir de n'ôter à M. Masuyer aucun de ses avantages, a fait prendre le parti d'imprimer sa lettre séparément.

Insérée dans le *Mercure royal*, elle eût perdu de son effet à ne paraître que par fractions, et d'ailleurs la commission de censure aurait peut-être exigé, soit des changements qui auraient donné le droit à son auteur d'alléguer qu'on aurait affaibli ses arguments, soit des réfutations immédiates, en regard des passages qui l'auraient offusquée, ce qui eût forcé l'Éditeur du *Mercure royal* à empiéter sur le rôle de M. le comte de Saint-Roman.

Dans l'un ou l'autre cas, la discussion aurait en quelque sorte changé de nature. Cet inconvénient a dû être évité, et c'est à quoi M. le comte de Saint-Roman a cru parvenir efficacement en imprimant hors du *Mercure royal* la lettre à laquelle il a pris l'engagement de répondre, M. le chevalier de Fonvielle demeurant renfermé dans les fonctions passives d'éditeur, tant que durera cette discussion.

Il arrivera vraisemblablement que quelques lecteurs trouveront cette matière fort abstraite, et, confondant parfois la profondeur des vues avec l'obscurité des idées, se plaindront de ne pas comprendre parfaitement toutes les propositions soit de M. Masuyer, soit de M. de Saint-Roman ; les esprits d'une certaine trempe en jugeront tout autrement : ils sentiront qu'une telle lecture exige une toute autre espèce d'attention que celle d'un morceau d'éloquence, d'histoire, de poésie, ou de littérature simple ; et, lorsqu'eux-mêmes se verront forcés de relire certains passages pour les lier à ce qui, jusque-là, leur aura semblé clair et précis, ils seront tentés d'abord de se défier de leur propre intelligence, plutôt que d'accuser l'écrivain de trop d'obscurité. Craignant de faire leur propre satire, en avouant qu'ils ne comprennent pas, ils y regarderont de près avant de faire un tel aveu.

L'Académie des Ignorants a jusqu'ici attaché peu d'importance à ce qu'ont pu dire ou penser d'elle et de son recueil périodique certains journaux ; mais le moment est venu pour elle de les juger à son tour, et elle sait d'avance ce qu'elle aura à penser de chacun d'eux, suivant le degré d'intérêt que paraîtra leur inspirer la discussion importante dont le *Mercure royal* se glorifie d'être le théâtre.

Le *Mercure royal* paraît par livraisons de trois feuilles tous les jeudis.

Prix : 14 fr. par volumes de 600 pages, dont 200 pages environ peuvent être fournies en ouvrages détachés.

On souscrit à Paris, au secrétariat de l'Académie, rue Saint-Honoré, nº. 290 ; et chez Le Normant, libraire, rue de Seine, nº. 8 ;

Et, dans les départements, chez MM. les directeurs des postes et principaux libraires.

De l'Imprimerie d'Anthe. BOUCHER, successeur de L.-G. Michaud, rue des Bons-Enfants, No. 34.